岩波新書精选
07

日本的神话

［日］阪下圭八　著

李濯凡　译

新 星 出 版 社　NEW STAR PRESS

新经典文化股份有限公司
www.readinglife.com
出　品

致中国读者

隋唐时代以来，日本在约两千多年的时间里一直努力学习中国的学术、艺术、技术和文化。日本今日之发展，即仰仗中国伟大先哲长期以来的言传身教——这样说并不为过。中国，有学恩于日本。如今，借由新经典文化的翻译和出版，岩波新书来到中国读者面前，我想，这也算是对中国学恩的一点点谢意吧。

岩波新书与中国结缘已久。岩波新书创刊于1938年。前一年，日本加剧对中国的侵略，岩波书店创始人岩波茂雄对独断专行、破坏中日友好的军部感到强烈不满，遂决心创刊岩波新书。要想抵抗日益猖獗的军国主义思潮，首先必须要做的，就是实事求是地了解中国。岩波茂雄秉持着这种信念，最终选择了《奉天三十年》作为创刊的首部作品。

《奉天三十年》是19世纪末至20世纪初，在当时的沈阳努力推行医疗普及的爱尔兰教会医师克里斯蒂的回忆录。这本著作除了向读者展示了当时满洲发生的事情和民众的生活外，还是一本即便以今天的标准来看也颇有学术价值的著作。作为东亚的朋友，对中国人民怀有深切感情的岩波茂雄深受克里斯蒂的触动，将其回忆录翻译出版，以此开始了岩波新书的历史。

承先行者之志，岩波新书此后又出版了许多以中国历史、社会、文化、艺术为题的书籍。自创刊以来及至今日，由岩波新书发行的、以中国为主题的书籍已达140余册。我们对于中国的关注和热情从未衰减，对于岩波新书而言，"中国"已成为身边不可忽视的存在。

那么何谓"新书"呢？或许有必要向中国读者再次进行说明，因为新书是诞生于日本的独特出版物。

新书最大的特点是它"小而紧凑"。在字数上，新书大约在十万日文字左右。标题简练，通俗易懂。若是部头过大，则十分难读；若部头过小，则不能尽兴。而取其中庸的新书正符合日本人喜爱轻快节奏的心性。日本人就是喜欢新书这类书籍的人。

据说，目前日本已经出版了一百多种可称为"新书"的书籍。除岩波新书外，中公新书、讲谈社现代新书、筑摩新书、集英社新书、光文社新书等，以出版社冠名的新书种类数不胜数。各大出版社相互竞争，每月合计发售数十本新书。诸位读者日后来日本旅游时，也可顺路看看日本的书店。日本的书店会有一个"新书区域"，在这个区域，你会看到如同百花齐放般热闹的景象。

在百花齐放的新书领域，岩波新书是第一个在日本发行新书的老字号。创刊八十年以来，我们时时刻刻在满足着日本读者的求知欲和好奇心。岩波新书的一大特色就是其内容的可信度高。

我们在各个领域拥有最权威的学者、编辑和作家，产出了许多可称为名著的作品。在岩波新书出版著作是一件很有荣誉的事，这已经是日本各界达成的共识。

岩波新书擅长的领域是学术和纪实。畅游在学术世界里的学者为将思考和研究成果凝聚成一本小小册子而倾注心血，执笔著述。行走在"真实"世界中的新闻工作者则冷眼审视时代变迁和社会动向，以锋利的笔触向世人传递信息。无论在哪一领域，以满腔热血活跃在第一线，这就是岩波新书。

日本有一个词叫"修养新书"，这也可以说是岩波新书的代名词。读者可以在书中养性修身，进而构筑一个美好社会和世界，这便是岩波新书的目标。不止步于获取知识，而是将获取的知识与自我的生活、生命相连接，所谓"修养"就在于此。将更多的"修养新书"带到这个世界，这就是我们岩波新书的使命和理想。

此次经新经典文化发行的岩波新书，是我们从出版的 3200 本书中严格挑选出来的。无论哪一本，都是了解日本历史、文化、社会的绝佳书籍，对此我们深信不疑。

最后，我想向中国读者，以及从中牵线搭桥的新经典文化主编杨晓燕女士和各位翻译、校阅的老师致以深深的谢意。已经捧得本书的读者，希望这本书能够成为你美好的人生伴侣。

岩波新书主编　永沼浩一
2018 年 8 月

初始之世

神话是什么?

所谓神话,就是以众神为主人公的故事。对于今天的我们来说,最感亲切的文学形式就是小说了,小说中出现的人物都是我们身边的普通人。但神话不同,众神多多少少都具有一些超能力,而且他们所处的空间本身就是一个与日常生活维度不同的世界。

我们经常会听到人们说"那只不过是一个很久很久以前的神话"。这说明从前充满威严的事物在时间的长河里不知不觉地失去了力量,已不堪回首了。无论东方西方,人们都这么说。由此看来,神话曾经一度广泛地支配着人们的心灵。

在过去的某段时期,地球上几乎所有的民族都以神话这种故事形式来讲述世界和人类自身的起源、来历、缘由。说句大而无当的话，即使是已经进入 21 世纪的今天，应该也还有不少从未用本国语言创作出小说的国家；但是可以说，几乎不存在没有神话传承的国家。从这个意义层面上看，神话是人类共通的重要文化之一。

在过去的某段时期——大体上说就是人类的一只脚刚刚跨进文明入口的时候——那时的社会形态是属于文明阶段，还是属于前文明阶段呢？这一般是通过文字的使用来加以区分的。将文字作为传播、表达语言的手段而普及的社会就已经达到了文明状态，所以我们把熟练使用文字的人叫作文明人。当然，如果社会过于开化，那么神话就无从谈起了。

有人说："朱庇特不能生存在有避雷针的时代。"意思是说，罗马神话中的雷神朱庇特在避雷针所显示的、科学技术发达的时代就只好退出舞台了。这意味着神话是前文字时代的产物。也就是说，所谓神话，与其说是通过文字，倒不如说是通过声音来讲述的——与民间故事、传说等同样，属于广义上的口传文学；与其说它是文字的文化，倒不如说是声音的文化。

世界与人类之始

从前的人们在这些神话中所叙述的内容多种多样，但简而言之，就是在说"事物的开始"，就是在说世界和人类的起源。试举一例，古代希伯来民族的神话《旧约全书·创世记》云：

起初神创造天地。地是空虚混沌。渊面黑暗。神的灵运行在水面上。神说，要有光，就有了光。神看光是好的，就把光暗分开了。神称光为昼，称暗为夜。有晚上，有早晨，这是头一日。

　　这的确是"头一日"，是世界之始。人、世界、宇宙究竟是从何时，又是怎样开始的呢？各个民族的神话都试图回到世界和自身的原点来加以叙述。

　　那么日本的神话又是怎样的呢？下面让我们看看《古事记》[1]的开头部分。

　　天地初发之时于高天原有神成，名天之御中主神，次高御产巢日神，次神产巢日神。此三柱神者，皆为独身神[2]而隐身也。

　　这是天地开始分开的时候。也就是说在此之前，没有天地之别，世界还处于原始混沌的状态。

　　所谓"高天原"，是一个即使对众神来说也特别神圣的"天神"所在之处，与天空略有不同。也就是说，这里是一个特别的世界，是作为日本的"神圣之物"的源头而被设定在天空某处的。这个世界在天地初发之时就已经存在了，这与希腊神话相同。在希腊神话中，众神的神圣之所奥林匹斯从一开始就是一处不言自明的存在。

在"高天原"，首先出现的神是天之御中主神[3]等三柱神——在日本神话中数神时的量词是"柱"（はしら）。天之御中主神，正如其名所示，是高天原中心的神。高御产巢日神[4]和神产巢日神[5]表现了所谓"巢日"（むすひ）的生成力。以上三神在理念上是地位最高的神，但他们并没有成为神话的主角。天之御中主神在以后的故事中再没有被提及，"巢日"

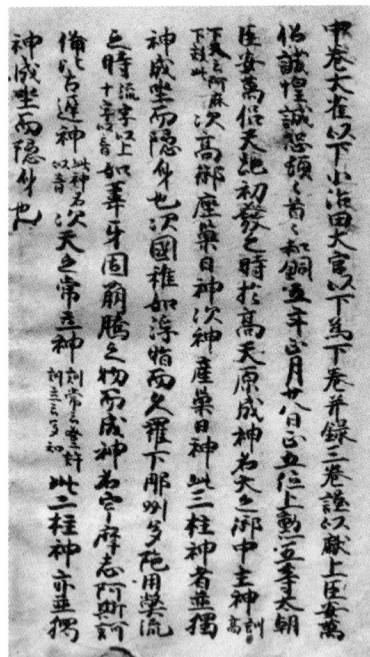

《古事记》（真福寺本）　现存最古的抄本，国宝（宝生院藏）

二神也不是特别活跃，只能算配角。

一神教与多神教

顺带一提，同样是神，在"一神教"和"多神教"中的叙述方式有很大的不同。

前面所引的《旧约全书·创世记》属于前者，神只有一个，作为绝对的存在被表现出来。因为是唯一，所以没有与其他神相区别的固有名字。作为绝对的权威者，神说"要有光"，于是就产生了光。于是天地万物都由神创造出来。基督教以及伊斯兰教、犹太教等都是这样的一神教。

像日本神话、希腊神话这样，有各种各样的神相继产生的神话属于"多神教"。《古事记》《万叶集》等书说有"八百万神"。但实际上并没有出现这么多数量的神，所谓八百万只是一种修饰而已。细细数来，也不过数百位神出现在后面的故事里。

"八百万神"在故事当中的表现当然有轻重之别。有特别受尊重的神，相反，也有被鄙视的神，千姿百态。但即使是地位高贵的神，作为故事中的人物，也不一定就富有魅力。甚至可以说两相错位的情况更多。

比如说，后文将会提到的日本神话中的最高神——天照大御神，以及与之对立、后被流放的须佐之男命，两相比较，在后者须佐之男命所释放的独特魅力面前，前者天照大御神虽然地位高贵，却是一个没给人留下什么印象的存在。

从将神话作为信仰的对象来加以尊崇的角度出发，可以有不同的理解方式。但是，本书不是从教义和信仰方面来解释神话，而是将其作为独特的语言艺术，亦即作为与文学相关联的故事来加以解读的。关键是看众神作为故事的主人公是否能散发出生动的魅力。

日本神话的传播

说到日本神话，首先必须提及的是《古事记》。《古事记》是日本最早的书籍，讲述了大和朝廷、天皇家族的祖先神们在遥远的过去是如何创造国土，其子孙又是如何统治国土的。众神的故事占据了该书大部分的内容。

在与这部《古事记》大体相同的时代（8世纪），作为国家的正史，《日本书纪》被编纂成书；各国的《风土记》作为地方的乡土志、《万叶集》作为日本最早的歌集也被编纂出来。这些书籍多多少少都包含有当时的神话传承，它们和《古事记》一道构成日本神话的广阔世界。另外，将这些书籍加以区分，将重复内容较多的《古事记》和《日本书纪》作为一组，可以称作"记纪"，因而其神话叫作记纪神话、宫廷神话；而《风土记》《万叶集》中的神话则叫作土著神话、地方神话。

本书试图以解读《古事记》的形式讲述日本神话中最有意思的部分，侧耳谛听蕴含其中的、来自古代的信息。总之，日本人把"神话"留给了后世，而我们则不能撇开《古事记》的时代——8世纪来进行思考。面对现代人类，神话给我们带来了什么？希望大家阅读本书，以作为对于这个问题的一个回答。

目　录

第一章　伊邪那岐与伊邪那美的婚姻

伊邪那岐和伊邪那美

日本神话中最早出现的主人公是一对男女神，分别叫作伊邪那岐、伊邪那美。此二神的出场紧接前文所引《古事记》开头文字，且引之。

次，国稚[6]如浮脂而似水母漂浮之时，有物如苇芽萌腾而成神，名宇摩志阿斯诃备比古迟神[7]，次天之常立神[8]。此二柱神亦为独身神而隐身也。

上件五柱神者，特别之天神也。

次有神成，名国之常立神，次丰云野神[9]。此二柱神亦成独身神而隐身也。

其后又不断有神出现，旋即消失。大多只留其名，不一一赘述。只是在这些神中，宇摩志阿斯诃备比古迟神的形态似值得我们驻足观之。在大地还不稳固、像水母一样在原初的大海中漂浮的时候，这尊神以像芦苇芽一样萌芽、生长的方式出现了。这与《万叶集》卷八中一首和歌的情境相通，让人感受到其与卷首相吻合的鲜嫩。

春到也，
瀑布落磐石，
石边土湿润，
将有蕨芽萌。

————志贵皇子[10]

这个芦苇的发芽也可被看作后来作为地上世界而展开的"苇原中国"的萌芽。天上已经有"高天原"了，这里也显示出相对应的下界的征兆。在众神的舞台就这样形成的时候，人们所期待的主角该出场了。

次成神，名宇比地迩神，次妹[11]须比智迩神。次角杙神，次妹活杙神。次意富斗能地神，次妹大斗乃辨神。次於母陀流神，次妹阿夜诃志古泥神。次伊邪那岐神，次妹伊邪那美神。

此前诸神都是独身神，而且全都"隐身"了。而这一段都是一对一对的对偶神。一对中后一位神的名字都采取"妹……"的形式，明确表示男女是一对神。作为生成标志的"苇芽"分化为男女两性，开始显现出新的形态。

宇比地迩（うひじに）和须比智迩（すひじに）是泥土的神格化（"ひじ"——泥，"に"——土）。角杙（つのぐい）和活杙（いくぐい）是将身体的原型比作木桩（杙，"ぐい"），表示"ぐい"像"犄角"（ぐい）一样从土中生机勃勃萌发新芽的形态。意富斗能地（おほとのじ）和大斗乃辨（おほとのべ）的词干是"と"，前面加上美称"おほ"（大），词尾用"じ"和"べ"来区分男女。"と"表示性器官，所以这两个名字的意思是两性各自的器官都已经齐备。

於母陀流（おもだる）也写作"面足"，表示身体长成，已完全成熟。阿夜诃志古泥（あやかしこね）这一神名是表示对长成的身体的赞叹。宇比地迩以下男女神的构成说明了自然、大地的生成和身体器官的生成，直至最后发出"あやかしこね"（意思是"多么令人敬畏啊"）的赞词。赞词随即成为引出伊邪那岐和伊邪那美的伏笔。一个个神作为先导出现，就是为了其后真命男女神的出场。

伊邪那岐（いざなき）和伊邪那美（いざなみ）是相互引诱、相互邀约的男女的意思，是按"来吧来吧（いざいざ）正合我意"这个意思命名的。这两尊神的作用就是男女相合，繁殖生育。被明明白白讲述出来的这个故事，就发生在二神最初降临的岛——淤能碁吕岛[12]。

伊邪那岐和伊邪那美在开始相交时的对话是这样的，男神先问："汝身者如何成？"女神回答："吾身者，成所成，有不成合处一处。"于是男神说："我身者，成所成而有多余处一处。故以此吾身多余处，刺塞汝身不成合处而以为生成国土……"

我想借石川淳[13]的《新释古事记》来看这段对话。

"你的身体长得如何了？"
"我的身体已经长成，但有一处地方没有合拢。"
"我的身体也已经长成，但有一处地方多长出了一截。我想把我身体多余的这截插进你没有长合拢的地方，以此来生出国土，你看如何？"

于是伊邪那岐和伊邪那美在要交合时互相赞道：

"啊，真是一个棒小伙！"
"啊，真是一个好姑娘！"

这是天地间唯一的一对男女将要结合时发自内心的声音。大约与《古事记》同时代的和歌集《万叶集》收录和歌4500余首，其中的大半都是情歌（相闻）。可以说爱的唱和最为朴素的形态都在这里。

兄妹通婚

伊邪那岐和伊邪那美是作为一对兄妹登场的。在刚才说到的宇比地迩以下的神名中，附在对偶一方名中的"妹"不是指普通的女性，而应该理解为与"兄"相对的"妹"。也就是说最早的婚姻是兄与妹的近亲婚。现在的通说将伊邪那岐和伊邪那美看作没有血缘关系的男女，这种解释是没有道理的。

首先，这里的对偶神的名字除了一例，其他如"ひじ""くい""と""いざ"等都是词干相同。这可以说就是他们血缘关系的标志。其实《古事记》中还能看到很多与伊邪那岐和伊邪那美同样类型的兄妹，如"阿迟钼高日子根神"[14]，"次妹高比卖命"[15]"宇迟能和纪郎子"[16]，"次妹八田若郎女"[17]等。

再有，据神话学者考察，在世界各民族的创世神话中出现的50例近亲通婚当中，兄妹婚所占比例高达八成。传说希腊神话中的最高神宙斯的妻子、大地母神得墨忒耳和宙斯就是同父同母的姐弟。将世界之初的婚姻看作兄妹婚的神话传说有很多。

那么，为什么最初的婚姻反而必须是兄妹婚呢？这是一个不能回避的问题。因为从原初的阶段起，近亲通婚，特别是兄妹婚就被看作人类共同的、严重的禁忌。《古事记》下卷还记载了一个悲剧故事，允恭天皇[18]的皇子木梨之轻太子与同母妹轻大郎女通奸，被人们知道了，于是丧失了继承王位的资格，最后在流放地和妹妹一起死去。

近亲通婚之所以成为禁忌，是因为一旦放任下去，通过婚姻进行的社会性交流就会被阻断。婚姻是人们使自己社会化的重要途径。当社会禁止把姐妹当作兄弟的结婚对象的时候，人们就进入了文明的形态。

在古代日本，强烈地保持同母兄（弟）与妹（姊）之间纽带的氛围还非常浓厚。作为典型之一，我们可以看看天武天皇的皇女大来皇女（大伯皇女）和其弟大津皇子的关系。

大来皇女作为皇女奉仕祭祀祖先的伊势神宫（伊势斋宫）。《万叶集》卷二载有姐姐大来皇女的两首歌，是在悄悄下伊势的大津皇子将再次回到大和时咏唱的。

> 劝夫[19]返大和，
> 相送门前立。
> 夜深鸡鸣晓，
> 朝露湿我衣。

> 二人同路行，
> 尚难过秋山。
> 而今君独往，
> 如何越山巅？

此后不久，大津皇子因谋反嫌疑被捕，并被处死。前面的歌表达了姐姐对弟弟前途命运的担忧。

姐姐是奉仕神灵的女巫，她遵照其父天武天皇之命，成为一个更加纯粹的、神圣化的人物。我们更应该想到，姐弟俩幼年时就失去了母亲（大田皇女）。阿拉伯社会有句谚语："丈夫可以找，儿子可以生，但是兄弟不能替换。"大来皇女还有四首歌（《万叶集》卷二），都是与弟弟谋反有关的。这几首歌中凝结着对不可替代的、唯一的弟弟的思念，甚至达到了一种崇高的境界。

> 我本空蝉[20]人，
>
> 欲从明日起，
>
> 把将二上山，
>
> 远眺作吾弟。

> 矶生马醉木，
>
> 花枝折来只为君。
>
> 怎奈无人语，
>
> 世间仍有看花人。

关于大来、大津姐弟，笔者很费了一番笔墨，这是为了说明在古代日本，同母的兄弟姐妹具有怎样一种关系。两者亲情的纽带如此紧密，纵观记纪和《风土记》等书，应该还能发现很多远远超越母子、父子关系的事例。

二上山远眺（上）和大津皇子之墓（下）　大和西境的二上山，右侧雄
岳的山顶埋葬着大津皇子，男女二峰相互依靠的形象似乎象征着大来
皇女和大津皇子姐弟的关系

也就是说，在古代日本一直存续着同母兄弟姐妹间独特的亲情。伊邪那岐和伊邪那美的兄妹婚就是现实在神话中的反映。在这个社会被禁止的关系，在遥远的那个社会却是一种公开的行为。应该说，这的确是与初始之世相符合的事情。

顺带一提，在《万叶集》里的"相闻歌"中，男性将女性唤作妹、我妹、我妹子，女性将男性唤作兄、我兄、我兄子。这是对所爱的人最为亲昵的叫法。这是只在"歌"中被允许的称呼，是独特的"歌语"之一。伊邪那岐和伊邪那美的故事也是在这样的社会习俗中才能看到。

生国、生神

伊邪那岐和伊邪那美最先生的孩子是"水蛭子"，即像水蛭一样无骨的孩子，于是将其放在"苇船"上，让其顺流而去。

最初的生产失败了，而《古事记》将其归咎为"妇唱夫随"。因为女方先喊道"啊，真是一个棒小伙"，所以带来了不好的结果。这只能说是基于男性优先观念的找后账。"失败是成功之母"，最初的尝试大抵都不成功，这是这类故事的普遍形式。"水蛭子"也应该被解读为基于这样的形式吧。

在此，我还想让大家注意"苇船"这个语言游戏。"水蛭子"即"恶"（あし）之子，所以要用"苇"（あし）之船丢弃。这

是一个利用了同音字的游戏。《古事记》中这样的游戏比比皆是，大概是融入了口传语言的技巧吧。

因植物"苇"而联想到"恶"的还有《万叶集》中的好几首和歌。如：

> 背向筑波岭，
>
> 有座苇穗山，
>
> 绝无恶咎显。

后来有的歌因不喜欢"苇"（あし）＝"恶"（あし）的语感而将其改为"好"（よし）。这样的歌一看便知。《古事记》是日本最早的书籍，据序文可知是712年（和铜五年）完成的。该书肯定是被书写下来的作品，但正如前文事例所显示的那样，它具有置身于口头传播现场的语言特征。

言归正传。二神改成"夫唱妇随"，即男子先开口说话，于是生出了数个岛屿。它们是淡路岛、四国、隐岐、九州、壹岐、津岛（对马）、佐度岛（佐渡岛）、大倭丰秋津岛（本州）八个岛屿。因为它们是最先出生的，所以把日本称作"大八岛国"。

古代天皇的正式称谓是"大八岛国所知天皇"。所谓"大八岛国"，就是指天皇统治的地方。"八"是日本古已有之的神秘数字，较之实数，还有"多的、大的"意思。虽然将岛的数目大体吻合在"八"上，但与《日本书纪》的传说相比，岛名、顺序却不完全相同。如八百屋、八百八町、八百万神等词所示，在这个国家，传统上的幸运数字不是 7，而是 8。

"要生养众多，遍满全地面"（《旧约全书·创世记》），正如其所述，继生岛之后，又生了各种神，数量大约有四十左右，曰大事忍男神 21，曰大户日别神 22，曰天之吹男神 23……名字意义不明的神一个接一个地出现，真可谓多神教的风景啊。但是其中也能看到大绵津见神、大山津见神等重要的神，他们之间连缀着那些有关联的神。

大绵津见（おほわたつみ）是海神。自古湖沼和海（近海）都叫"海"（うみ）。与此相区别，"わた"是指外海。词尾的"み"表示神格，作为大海的主人统治大海这个魔物的就是大绵津见。后段还有山幸彦访海神宫的故事（请参看第五章），在那里得到能操纵潮水涨落的宝珠，这意味着他被赋予了海神的魔力。大山津见是与海神比肩的山神，掌管大山带来的树木与水利。

火神的诞生与伊邪那美之死

与海神、山神同等重要的是火神。借由娴熟地侍弄火并将其融入生活，人类大大提高了衣食住行的水平。这确实是一场革命。火的起源神话就是对这种记忆的传承。希腊神话中，普罗米修斯从最高神宙斯那里盗来火种，交给了人类。《古事记》中，在生神过程的最后，火神诞生了。

> 次生火之夜艺速男神，亦名谓火之炫毗古神，亦名谓火
> 之迦具土神。因生此子，阴部见炙而病卧。……故伊邪那美
> 神者，因生火神，遂神避也[24]。

火神有三个名字。火之夜艺速男（ひのやぎはやお）表示火
燃烧旺盛的状态，火之炫毗古（ひのかがびこ）表示火的明亮，
火之迦具土（ひのかぐつち）是指熊熊燃烧的火焰。三个名字都
显示了火的威力。但这个力也是一把双刃剑，一旦用错，也具有
极强的破坏性。因为生了火神，母神伊邪那美被烧坏了阴部，一
病不起，不久死去。

18世纪末，本居宣长[25]在其《古事记传》中说，火神的诞
生才是"世之凶恶事之始"。以此为契机，故事的基调为之一变，
专事交合与繁殖的美好世界里插进了对立和死亡，场面更向着生
与死相搏杀的剧情发展。死者的世界——黄泉（よみ）国成为新
的舞台。伊邪那岐哀叹道："我亲爱的妹哟，你竟被一个孩子夺
走了性命。"于是砍下了其子火之迦具土的头。而他更是一心想
见伊邪那美，于是追往黄泉国。

他对出来迎接的伊邪那美说："我和你创造的国土还没有完
成。来吧，我们一起回去吧。"女神回答："太令人懊恼了，你
要是再早一点来的话……可是我已经吃了黄泉的饭。不过，既然

亲爱的兄长特意来到这里，如果能回去的话，我也想回去。我去和黄泉的神说一声吧……只是，你绝不能往里看哟。"说罢就回到里面，之后就再也没有音讯了。等了很久，伊邪那岐再也按捺不住了，就取下插在头上的梳子，折断梳子齿，用它点着火，走了进去。

> 烛一火入见之时，蛆聚其身，咕隆有声。于头者大雷居，于胸者火雷居，于腹者黑雷居，于阴者析雷居，于左手者若雷居，于右手者土雷居，于左足者鸣雷居，于右足者伏雷居，并有八雷神居之。

伊邪那岐举火所见的情景是，在伊邪那美全身，有蛆虫聚集，并发出咕隆咕隆的声音，大雷、火雷等许多雷神（いかづちがみ）趴在她的身上。"咕隆"是象声词，表示低哑的声音，也许表现的是蛆虫聚集食腐肉的声音。不管怎样，这里表现的是尸体腐烂、散发腐臭的情景。能与这种凄惨景象相比的，就是古代末期到中世的《饿鬼草纸》《地狱草纸》《病草纸》等画卷和源信[26]僧都的《往生要集》中所描画的地狱景象吧。

补充一句，因为雷（いかづち）的"いか"是"严酷的"（いかめしい）的"いか"，所以这个词是有威力的神灵的意思。虽然给"いかづち"附着上汉字"雷"，但与所谓的"かみなり"（雷）不同。我们在说雷（いかづち）时，脑海中会浮现出较为晚近

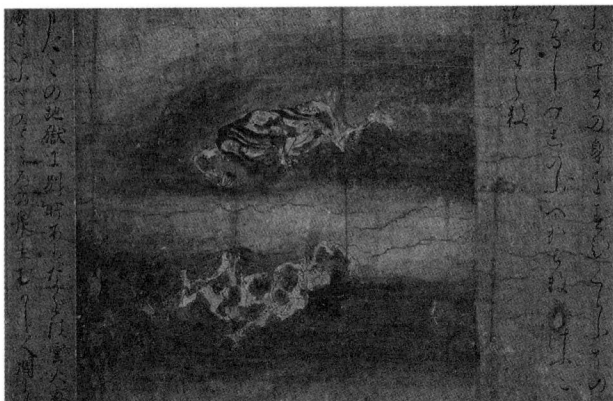

《地狱草纸》（12世纪末）的一个场面　该画卷依据佛经经典，描画了种种地狱相（东京国立博物馆藏）

的时代——桃山、江户时代初期的画家俵屋宗达的《风神雷神图》等视觉形象，但却不能将那些画作中的鬼的形象原封不动地与所谓雷神等同起来。总之，"雷（いかづち）"就是一个可怕的怪物。

黄泉国与"复活"

黄泉国故事的基础是古人对死的共同经验。特别应当注意的是古代独特的葬法和殡（モガリ・アラキ）。殡的词义不是很明确，是指遗体埋入坟墓之前，祭祀死者的场所以及在此举行的仪式。

在火葬普及之前，人们认为在生与死之间有一段既不属于生，也不属于死的未分时段，殡就是在这段时间里，人们基于对死者复活的期待而进行的活动（佛教的"四十九天"即相当于殡）。

复活、复苏叫作"よみがえり"，是指一度死去的人生还过来，但似乎可以说，这个词本身就来自殡的习俗。它意味着从"よみ"（黄泉）归来。伊邪那岐催促伊邪那美"回来"，就是因为他相信有这种可能性。而且在殡时，在相当长的一段时间里，生者是和死者一起生活的。伊邪那美那惨不忍睹的景象可以说是一种以现实中的殡为基础进行的想象吧。

伊邪那美所说的"黄泉的饭"，是指用黄泉国的锅灶烧煮的食物。据说吃了黄泉的饭，就成了黄泉的鬼，就不能再回到人间了。甚至现在人们也常说"在一个锅里吃饭的伙伴"，就是说共食强化了纽带，成为归属于某个集团的标志。这样的习俗在地球上的所有地方都能看到。甚至在希腊神话里，劫走佩耳塞福涅的故事也因与前文相似的情节而广为人知。大地母神得墨忒耳的女儿被冥界（黄泉）之王哈得斯劫走，做了哈得斯的妻子。在母神寻找她的下落的时候，她已经吃了冥界的石榴籽，成了冥界之身了。

这种事例在其他地方也能找到很多。在我国，成书时代稍晚的《日本灵异记》（约822年成书）里记录了僧人智光的复活故事。在地狱，智光被告知不要吃"黄泉的饭"。他严守告诫，九天之后复活了。

然而人们相信复活之事似乎也就到这个时期为止。《日本灵异记》中还有记载说，有个赞岐国的女子死后第三天就被火葬了，因为"失去了身体，没有依附之处"，就没能复活。不管是土葬，还是风葬，只要遗骸还和生前一样地保留着，复活也就有了凭依。但如果使用让肉体彻底成灰的葬法，就不得不斩断复活的希望了。

火葬以前的世界

可以说黄泉国就是火葬出现以前的死者的世界。不久，随着佛教的传播，死者的世界就转变成《地狱草纸》中的地狱了。

面对伊邪那美那种令人不忍卒睹的惨状，伊邪那岐感到恐惧。他要逃离黄泉国。"你让我受辱。"伊邪那美大怒，派出了杀手，于是开始反复上演追与被追的逃跑剧情。这是民间故事中常见的场面吧。这和说"不要看"而看了的剧情一样，现在则是因为逃跑而追赶。

最后伊邪那美亲自追来，两人在黄泉和现世的边界——黄泉比良坂对决。当时伊邪那美说："我要每天绞杀你国一千人。"伊邪那岐回应道："那么我就每天造一千五百座产房。"于是直到现在，每天必有一千人死去，又必有一千五百人出生。也就是说，人类世界从此开始出现生死现象。

传说中黄泉比良坂（伊赋夜坂）的所在地　位于岛根县松江市东出云町

"绞杀"，多么可怕的一个词啊。书中说道："号伊邪那美命 27，曰黄泉津大神。"昔日被唤作"啊，真是一个好姑娘"的女神，已经变身为死亡之国的国主了。

也许可以说，以火神诞生为契机，否定的一面被导入，而这否定的一面已经达到了一个极点，成为死灭的肇始；另一方面，它也预告了从和睦走向决裂这样一种新局面的进展方向。

诸神系谱

伊邪那岐 —— 伊邪那美

生国神

大八岛国 —— 迦具土等（三十五柱神）

三贵子

手名椎 —— 足名椎

斩杀八岐大蛇

栉名田比卖 —— 须佐之男 —— 月读 —— 天照

（五代）

因幡的白兔 —— **八千矛神之歌**（大穴牟迟）大国主 —— 须势理比卖

八上比卖

忍穗耳

番能迩迩艺

让国

天孙降临

大山津见 —— 木花之佐久夜毗卖

火远理（山幸）
火须势理
火照（海幸）

大绵津见

丰玉毗卖 —— 玉依毗卖

鹈葺草葺不合

神倭伊波礼毗古（神武天皇）

第二章　须佐之男和天照

至高神从眼睛里诞生

继伊邪那岐、伊邪那美之后成为故事中心的是须佐之男命和天照大御神。下面是他们亮相时的情景。

> （伊邪那岐）于是洗左目时成神，名天照大御神。次洗右目时成神，名月读命[28]。次洗鼻时成神，名建速须佐之男命。

无论是过去还是现在，死都是人们厌恶的现象，与此相关的人不得不断绝与他人的交往。例如，在现代日本，虽然几乎只剩一种形式了，但有人去世的家庭仍会说"忌中"，谨慎参与外界的活动。

伊邪那岐觉得："我去了一个极其令人厌恶的、污秽的地方，必须做一次祓禊。"于是他进行了祓禊活动。祓禊就是用水洗濯的意思，就是要把在黄泉国附着在身体上的污秽洗掉。

祓禊的场所据说是在筑紫日向一片橘树茂盛的海边。日向是

日向岬　位于今宫崎县东部日向市

旧国名，指今宫崎县一带。然而与其说这里是指现实中的某地，不如说是一个因其独特名称而被选择的特定地点。为了祓除死亡的污秽，需要一个充满阳光和绿色的地方。

水被认为在原初的时候就已存在，其中蕴藏着混沌的力量，这在《旧约全书》和希腊神话当中也是一样。所以祓禊意味着通过这种力量达到转生的效果。这与基督教的"洗礼"、佛教的"灌顶"一样，都是依赖圣水进行的再生仪式。其实，在今天的日本政界，人们在希冀政治生命复活的时候，也存在简单使用"祓禊"这个词的倾向。

在伊邪那岐进行祓禊时，神灵相继诞生了。最后从左右眼睛和鼻子诞生的是天照、月读和须佐之男三神。这时，伊邪那岐非

伊势神宫内宫的年越大祓　照片摄于伊势神宫第一鸟居内祓所

常高兴，称他们是"三贵子"。他让天照统治高天原，让月读统治夜晚世界，让须佐之男统治大海。

不消说，眼睛在人体器官中发挥着最为重要的作用，所以成为各种场合的象征性表现。比如，古希腊的政治、文化中心雅典被比作"爱琴海的眼睛"；日常生活的惯用语当中也有数不清的例子，如"即使放进眼睛里也不觉得痛""让眼睛说话"等。这

些说法之所以固定下来，也许是因为即使在今天，眼睛这一事物仍然承袭着神话般的地位吧。

最高神从眼睛里诞生的故事在全世界的神话中有很多，特别是中国的古代神话盘古传说，其中记载"巨人的左眼变成太阳，右眼变成月亮"，与《古事记》极其相似，所以很容易认为日本神话是在中国神话的影响下形成的，但事情并没那么简单。倒是应该这么看，应该承认两者具有共同的神话性思维，虽然没有直接的关系，但人类的想象力总是以相似的形态表现出来。

第一章黄泉国的部分就涉及与希腊的佩耳塞福涅神话相似的情况。即使这样，也不能认为两个神话之间有影响和模仿。应该说，共同的故事形式是从原始、古代人类共通的生活方式中产生出来的吧。无论是哪个民族的神话，在这个意义层面上都具有国家化的性质。无论哪个故事，几乎都不是孤立的。当我们试图以更广阔的视野来审视人类文化的时候，神话为我们提供了重要的线索。

须佐之男让人印象深刻的出场

日月是并立的，打个比方来说，日月就是天空的两只眼睛。太阳神天照和月神月读（本是解读月亮，即数月龄的意思）本应同时出现，但是天照成了天皇家族的祖神，占据了至高无上的地位，而月读在以后的故事中再也没有出现，淡出了人们的视线。即使在这里，他也只是作为一个配角出现的，给人感觉是躲在天照的灵光后面。而比月读更应该受到重视的是天照的对抗者须佐之男。为了欣赏须佐之男那充满刺激的身姿和风貌，希望大家尽量读一读下面的引文：

（三神各领命去治理自己的领地时）速须佐之男命不治所命之国，而八拳须[29]至于心前，仍啼号不歇。直哭得青山如枯山，河海者悉泣干。是以恶神之音如五月蝇之皆满，万物之妖悉发。故伊邪那岐大御神诏速须佐之男命："何由以？汝不治所任之国而哭号？"答白："仆者欲往妣国根之坚州国，故哭。"伊邪那岐大御神大怂怒诏："然者[30]，汝不可住此国。"乃逐之。

须佐之男的容貌从一开始就与众不同。"八拳须至于心前"，也就是说，有好几握那么长的胡须一直垂到胸前。已经是一个大人了，却仍旧号哭不止。"号"（いさちる）就是猛烈地、不管不顾地哭喊。这个词不仅表现了哭声，也传达出反抗的姿态。当他回答号哭的理由是想去"妣国根之坚州国"的时候，这副姿态又给人留下一种根源性渴望的印象。

"妣国"是指死去的母亲所在的地方，从故事情节来看，就是伊邪那美所赴之地黄泉国。但是如果说成"想去黄泉国"的话，感觉就会大不相同了。

"根之坚州国"是地底片隅之地的意思，也叫"根国""底国"，是与天上、地上相对的地下的一处特别世界。也就是说，黄泉国＝妣国＝根国。可作如是区别，即黄泉意味着死者的世界，而妣国、根国则意味着相对于现世的原乡或祖灵之地。并不是说须佐之男想死，而是说他望着那遥远的另一世界号哭。而那个世界只能是地底之端的根之坚州国。

须佐之男像　歌川国芳作

"须佐之男"之名的含义

须佐之男是怎样的一个神名呢？建（たけ）、速（はや）等形容词添加了勇猛、果敢的意思，但词干却是"すさ"（须佐）。出云有地名叫须佐，多认为与此神多少有些关系，但说到须佐之男，却又与故事内容不符。关于这个"すさ"，甚至现在仍用动词"すさぶ"来表示难以

收拾的猛烈状态，而须佐之男应该就是暴戾之神。因为他的号哭，青山变枯，河海干涸。甚至仿佛是与他的暴戾相呼应似的，恶神、邪灵也像五月之蝇到处嗡嗡喧嚣。

过去汉字写作"五月蝇い"时，读作"うるさい"，一直到昭和初期都是这样书写，表示五月时分苍蝇乱飞、令人烦恼的样子。而前文"如五月蝇之皆满"，似乎就不是小打小闹程度的喧嚣了。《日本书纪》云，7世纪时，在信浓国（今长野县）出现异常之状，苍蝇聚为高十丈（约30米）的一团，"鸣音如雷"。我们必须要明白，在前文须佐之男故事的背后存在巨大的灾害，即令人想将之称为自然的叛乱的那种灾祸。

"万物之妖悉发"，所有的凶神恶煞都一拥而出，原形毕露，为非作歹。按照中世的说法，就是出现了一幅地狱之釜的盖子被打开、百鬼四处夜行的光景。须佐之男的号哭打破了世界的界限，带来不尽的无秩序和混沌。一说认为须佐之男是暴风神，但正如我们在前面看到的那样，这个神显示出远超暴风而更加广泛和过激的性质。这只能是须佐之男的暴戾。须佐之男这个名字和辉夜姬、一寸法师等民间故事中的主人公一样，充分表现出他的形态。

光辉的统治神

与须佐之男对抗的是天照。"天照"这个名字——照耀天界，表现的就是太阳。同时，她也强烈地体现出象征秩序的统治神的色彩。须佐之男和天照在互相强化他们的矛盾和对立的过程中，更加对比性地表现出各自的性格。正如须佐之男不单纯是自然神那样，天照也表现出超越太阳神的最高神的性质。须佐之男身上集中了异端、边缘、混沌、恶、黑暗等负面属性，而她则体现出正统、中心、秩序、善、光明等正面性质。

天照是高天原的主宰神，占据着至圣、至高的地位。但是被崇拜的对象一般都是令人敬畏惶恐的，而故事的主人公若过于完美就反而会缺少魅力。那么说到天照又如何呢？让我们看看在与须佐之男的关系中她又显示出了怎样的风貌。

须佐之男说："我想去妣国。"伊邪那岐说："那你就不能住在此国。"于是将其流放。被驱逐的须佐之男因为想和天照大神告别而来到天上，这时，山川都轰然响动，大地也在摇动。见此景象，天照怀疑他是来夺自己的国的，于是将此前的女装换成男装，佩戴弓箭，踏着飞扬的尘土来质问弟弟。须佐之男讲明了情况，并强调自己毫无邪念。而天照还是要求他自证清白。

究竟须佐之男说的是不是真的？在此天照和须佐之男采用了一种方法，叫"赌誓"（うけい）。赌誓是古代通过占卜来确定是非的评判方式，多写作汉字"誓约"。他们向神明起誓，以证明自己没有撒谎，没有作伪。天照和须佐之男双方就是通过造孩子来判断真伪的。这段文字较长，在此略作引用。

故而隔天安河[31]而起誓，天照大御神先乞取建速须佐之男命所佩十拳剑，打折三段，而琼响玱玱[32]振[33]涤天之真名井[34]，继而反复咀嚼，喷出如雾，遂成神，御名多纪理毗卖命，亦御名谓奥津岛比卖命；次，市寸岛比卖命，亦御名谓狭依毗卖命；次，多岐都比卖命。

速须佐之男命乞取天照大御神缠于左角发[35]之八尺勾璁五百串珠[36]，而琼响玱玱振涤天之真名井，继而反复咀嚼，喷吐如雾，遂成神，御名正胜吾胜胜速日天之忍穗耳命。亦乞取缠于右角发之珠，而反复咀嚼，喷吐如雾，遂成神，御名天之菩卑能命。亦乞取发饰蔓草之珠，而反复咀嚼，喷出如雾，遂成神，御名天津日子根命。又乞取所缠左御手之珠，而反复咀嚼，喷出如雾，遂成神，御名活津日子根命。亦乞取所缠右御手之珠，而反复咀嚼，喷吐如雾，遂成神，御名熊野久须毗命。

有些难读的神名一个接一个地出现，又用"琼响玱玱""反复咀嚼"等颇有些咒语味道的异样的词语连缀起来，或许会让人厌烦。《古事记》序中说，《古事记》全文曾由一个叫"稗田阿礼"的人"诵习"，这就意味着它曾被人口头唱诵。《古事记》一书就是太安万侣以此为基础书写下来的。

试读前面所引文字，"琼响玱玱振涤天之井"出现了两次，"反复咀嚼，喷出如雾，遂成神，御名"出现了六次，回环往复，音律和谐，给人庄严之感。可以看出，《古事记》的重心之一便在于这种声音文化、口传文学。

须佐之男的 "胜之势"

天照用须佐之男的剑得到三女神，须佐之男用天照的珠得到五男神。那么结果该如何判定呢？可以说通过赌誓，已经证明了须佐之男的清白。在这里，解说并不充分，而《日本书纪》也是多个别传交织，解释也不明确。但是因为规定以生女为获胜，而女神都生自于须佐之男的剑，所以似乎可以解释为须佐之男获胜。而更为重要的是，须佐之男却因获胜而变本加厉，不断做出恶劣与野蛮的行径。

于是速须佐之男命白于天照大御神："我心清明，故我所生之子，得手弱女[37]。因此言者，自是我胜。"言罢，乘胜之势，毁天照大御神之营田之畔，埋其沟；亦拉屎而散于为大尝之殿。虽若此，天照大御神未责其咎，曰："若屎者，乃吾弟醉而吐散之物。又毁田之阿、埋沟者，吾以为乃吾弟惜地力也。"虽掩其恶，犹恶态不止，愈益转重。天照大御神往神圣之织屋，令织神御衣之时，逆剥之天斑马穿其服屋之顶而堕入。天服织女见惊，而梭冲阴而死。

应注意，前面提到须佐之男得到了"手弱女"。特意表明这不是一般的女子，而是"手弱女"。这让人觉得，因为是没有力量的弱女子，所以没有通过武力来夺取国家的邪念。出生的孩子是男还是女，这或许是人类在生活中遇到的一种不可思议吧。将这种古今不变的不可思议纳入占卜，就形成了这个互相赌誓的故事。

其后，紧接着就是须佐之男肆无忌惮的行径。他毁坏了天照亲手垒起的田埂，用粪尿污染了举行水稻初穗（大尝祭）的殿舍。这是对圣物的亵渎。但是天照不仅没有苛责他，反而还为他辩护："那像屎一样的东西是我弟弟喝醉了呕吐在地上的，毁田埋沟是因为我弟弟爱惜地力。"虽用这样的言辞开脱，但须佐之男的野蛮行径却没有停止，反而还升级了。最后他把剥了皮的天马抛进了神圣的织屋，致使织女死亡。

事已至此，天照躲进了天石窟。我们有必要观察一下天照的形象。之前面对让出土地上天来的须佐之男，她认为他是来夺国的，因而准备武装迎敌。现在她的形象又陡然一变，表现出心地善良的姐姐的言行。

天照是男还是女，从古至今人们一直对这个问题有争论。作为皇祖神出现时，她几乎是中性的；但在全副武装之前，她又梳着女性的发型。而且，她用"我那亲爱的"（わがなせのみこと）这样一种女子对男子的亲切称呼来称呼须佐之男。这些都给人留下女神的印象，尤其让人觉得她是一位弟弟面前的姐姐。除此之外，天照的另一副面孔也让我们窥见这尊神的前史，即她的本来面目。

天照的本来面目

就像是要互相印证一般，与《古事记》同时代成书的《日本书纪》记录下与《古事记》不同的神话传承，这对理解《古事记》多有裨益。让我们看一看在《日本书纪》中天照是怎样诞生的[38]。

> 伊奘诺尊、伊奘冉尊[39]共议曰："吾已生大八洲国及山川草木，何不生天下之主者欤？"于是共生日神，号大日孁贵。大日孁贵，此云於保比孁咩能武智[40]。……一书云天照大神。一书云天照大日孁尊。此子光华明彩，照彻于六合之内。

从上文所引三个神名，再加上《万叶集》中的"天照日女之命""指上日女之命"可以断定，从《古事记》《日本书纪》成型的 7 世纪后半期到 8 世纪初期，天照的名字具有相当大的变动性。但是纵观记纪，使用最多的是"天照大神""天照大御神"，很明显已逐渐固定下来，但在这个时期，天照故事的叙述方式还留有很大的空间。而眼下应注意的就是"大日孁贵"（おほひるめのむち）这个名字。

　　"おほ"（大），美称。"むち"（贵）是年长者的意思。"め"（霊）指具有灵力的女性。故"ひるめ"（日霊）可解释为奉仕太阳的女巫，作为太阳神之妻生育太阳之子的圣母。前面的一连串名字大概是按大日霊贵→大日霊尊→天照日女之命→天照大神的顺序演变的，显示出日神之妻地位上升、神圣化为日神本身的轨迹。也就是说，大日霊贵是天照的原型或本来的名字。

　　而天照在须佐之男获胜的段落所表现的言行，只能是她在成为太阳神之前、作为日神之妻时的言行。天照让织女织的"神御衣"究竟是为哪个神织的呢？这自古以来就是争论的焦点。如果摘掉至上神这个标签，按照故事的情节来看，只能解释为这里的天照是作为大日霊贵在织奉献给太阳神的衣裳。

　　既是作为日神之妻的女巫，也是弟弟的守护者。前文叙述了大来皇女与大津皇子这对姐弟之间的关系，而这里又让人想起早在《魏志·倭人传》中便有所记载的巫女王卑弥呼与其男弟共治的体制，其中流淌的传统性情感，一时间又在天照和须佐之男这对姐弟之间复苏了。对于须佐之男暴行的辩护可以说是一位保护弟弟的姐姐的言行，与至上神截然不同。如果作为故事中的人物来看，正是须佐之男孩子般的恶作剧行为引出了善良姐姐的形象吧。

　　须佐之男的所作所为是对高天原、天照大神神圣性的侵犯和亵渎。天照感到害怕，就躲进了天石窟。于是从高天原到苇原中国，天地失去了光明，黑暗统治了一切。恶魔、怨灵乘着黑暗猖獗起来，天崩地裂，世界陷入没有约束的混乱。八百万神聚集一处，商讨使日神复活的办法。这就是所谓天石窟的场面，其中让人惊异的是女神天宇受卖[41]的行为。

> 天宇受卖是女神，……木桶扣在石窟前，她站在上面，踏出节拍，似有神灵附体，她袒露乳房，衣裳的带子垂到了阴部。高天原也开始晃动，八百万神在狂笑。
>
> ——石川淳《新释古事记》

对于众神的狂笑不止，天照觉得奇怪，于是探出身子。当她现身时，天地再次恢复了光明。以日神为中心的宇宙秩序得到恢复，但这不是简单的复归，它意味着天照战胜了危机，作为高天原的主宰神、作为照耀天空的太阳神，名副其实地再生了。

天石窟神话中的天照大御神　　春斋年昌画，明治二十年（1887）

天照的至上权威得以确立，须佐之男被处以"神逐"（流放）。他集恶、罪、秽、不作、死、黑暗等一切负面符号于一身，流放就是他当然的末路。而他那充满刺激性的形象也集聚了他无与伦比的独特魅力。其后他转生、变身为出云世界的英雄神、根国的祖神。

天照当然是女神

叫作天照的神祇在记纪时代好像已经被中性化了。至高神一般都是超越性别的。以男性权力为中心的古代王权已经不满足于女性皇祖神，其表现之一便是，在《日本书纪》中，至上神的宝座上被塞进了一位男神"高皇产灵尊"[42]，甚至在《古事记》里这尊神也屡屡与天照并列。就连现代，在将"天照皇大神宫"的牌子放到神坛上时，人们也没有意识到有什么男神、女神的分别。

但是尽管如此，天照女神的身影仍令人印象深刻地留在《古事记》中，而《日本书纪》将大日孁贵的名字记载在正传中，也说明是将她看作女神的。然而把皇祖神确定为女神的原因是什么呢？

"皇祖"这两个汉字按照日语的读法就是"すめみおや"或"みおや"。在古代日本，这两个字读作"みおや"时，不是指父亲，而是指母亲。京都贺茂御祖神社（下鸭神社）的祭神是贺

茂传说中的玉依姬。贺茂传说中有一个神婚故事，玉依姬因顺流而下的红色的箭（丹涂矢）而受孕，生下了神的儿子。同样，天照只要还是"みおや"，就不能不是女神，特别是在《古事记》里，不能无视这个词的内核。

从记纪编纂成书的六世纪末到七八世纪这段时期被称为女皇时代。推古、皇极、齐明、持统、元明、元正，几乎每隔一代就有一名女性天皇即位。纵观这些天皇，我认为，实情是在王权神圣化的风潮中，每遇无嫡子可继承皇位的时候，就让先帝的皇后横插一杠，姑且充任天皇，其目的在于守卫皇家的血统。这个时期，《万叶集》中的"中皇命"、《续日本纪》所载"中都天皇"等名称都显示了女皇的过渡性质。所以，将女皇视作类似于巫女王卑弥呼的角色乃是错误的、不符合时代的。

但是，也不能说其中完全没有让继承皇位的女皇效仿皇祖天照的意识。持统天皇的谥号（死后给予的名字）"高天原广野姬天皇"就传达出这样的意识。皇祖神、女皇，两者应该是互为倚重的关系。

斩杀怪物八岐大蛇

从天界放逐的须佐之男随后去了下界的出云。首先，让我们看一看著名的斩杀大蛇的神话。

被放逐的须佐之男降到出云国的肥河⁴³上游的鸟发⁴⁴地。这时，他看见一根筷子顺流而下。他觉得上游必有人家。于是他溯流而上，见一老翁和一老姬，中间还有一个少女，三人正在哭泣。

须佐之男问："你们是什么人？"

老翁答："我是国神大山津见神的儿子，名叫足名椎。我的妻子叫手名椎。女儿叫栉名田比卖。"

"你们为什么哭泣？"

"我本来有八个女儿，可是高志⁴⁵的八岐大蛇每年都要把我的一个女儿作为牺牲吃掉。现在我就剩这一个女儿了。今年他又快来了，所以我们才这样哭泣。"

"他长得什么模样？"

"他一个身子上长着八个脑袋和八条尾巴，眼睛血红，就像酸浆果，身体又长又大，横跨了八座大山、八条峡谷。他背上长着杉树、过山龙之类，而且他的腹部溃烂，总是在淌血。"

这时须佐之男又问老翁："你能把你的女儿嫁给我吗？"

"对不起，请问尊姓大名？"

"我是天照大神的弟弟，刚从天上降到这里。"

听须佐之男这么一说，足名椎、手名椎就答应了："如此说来，不胜惶恐，就此奉上。"

出云这个地名曾出现在黄泉国故事的最后。关于伊邪那岐和伊邪那美对决的黄泉比良坂，书中写作"出云国伊赋夜坂"。黄泉与人类世界的分界线在出云，也就是说出云是西方的边境，与死者的世界相邻。这是高天原一方赋予出云的性质，并不意味着现实中的出云。须佐之男的归宿是"姚国、根之坚州国"。出云正处在去往姚国的中途。

一进入这段，故事的气氛陡变，让人觉得似乎进入了另一个世界。之前天石窟的场面给人以八百万神灵聚集的仪式感，而到了这里，气氛则变得较为轻松。在须佐之男降临的肥河一带，他看到有筷子顺流漂下，便断定上游肯定有人，于是溯流而上。这是导入部。《古事记》第一次让我们看到像人类一样的生活空间。舞台从高天原转移到地上的苇原中国。之后不久就开始了以出云为中心的故事。

须佐之男溯河而上，发现老翁、老妪和他们身边的女儿在哭泣，一问才知道，怪物八岐大蛇每年要他们一个女儿作为牺牲，而今年马上又要来了。大蛇的眼睛像赤酸浆一样充满血色，一个身子有八个头、八条尾，身上绿苔、树木茂盛，身长跨过八条山谷、八座山峰，腹部溃烂，总是淌着血。须佐之男想纳其女为妻，遂挑明了身份，老夫妻诚惶诚恐地答应了。

怪物八岐大蛇的原形是支配水的蛇体神。其巨大的身体说明洪水泛滥所带来的季节性灾害的范围之广。行将成为牺牲的女儿栉名田比卖在《日本书纪》中写作"奇稻田姬"，可理解为水田的象征。足名椎、手名椎的意思是爱惜女儿的手足，但也暗示了守护稻田的人们的劳动状况。

佩耳修斯—安德罗墨达型神话

须佐之男是怎样消灭八岐大蛇的呢？

须佐之男先把栉名田比卖变成一把美丽的梳子插在自己的头上保护起来，然后对足名椎、手名椎说：

"你们先酿八酝酒，再造一道围墙，在围墙上造八个门洞，每个门洞前要搭一个架子，在每个架子上放一酒船，并在每个酒船里装满八酝酒。"

按照须佐之男的吩咐，一切准备就绪，八岐大蛇也如约而至。他立刻把八个头分别伸到八个酒船里畅饮，直喝得酩酊大醉，倒头而睡。须佐之男拔出身上所佩的八拳剑，将大蛇大卸八块。肥河变成了血河。

当他砍在中尾时，剑刃崩了。怎么回事？他用剑尖划开蛇皮一看，原来内有一把锻造好的大刀。须佐之男觉得很诧异，把刀献给了天照大神（这就是后文中的倭建草薙剑）。

《古事记》中之所以用汉字"栉名田比卖"（くしなだひめ），是因为把少女变成了"栉"[46]（くし）。但此前应该是因"くしなだひめ"这个名字才产生变身为"栉"的故事吧。正如"苇"（あし）也是"恶"（あし）那样，古人的联想是自由自在的。酒船是船形的容器，长度有两三米。这样的酒船准备了八个，里面装上了八酝酒（反复酿造的酒），这是根据怪物的大块头而制造的大道具。同时也体现了须佐之男周到细心的计划性。

以原始的自然力为后盾而称霸此地的蛇体神就这样被斩杀、消灭了。替代古老野蛮的权威，新的人类秩序诞生了。正是须佐之男的善良、智慧和勇气使这种秩序成为可能。而这些故事产生的背景，是前代停滞的社会力量开始向文明的更高阶段攀登。日本列岛的历史应该经历过这样特定的阶段，可以说须佐之男就是被作为这种推动力的一个神祇来讲述的。这样的神叫作英雄神。

须佐之男斩杀八岐大蛇　杨洲周延画，1820 年

斩杀大蛇就是英雄神诞生的神话。

英雄斩杀蛇神、怪物等，拯救即将成为牺牲的少女并与之结婚的故事，在世界各地都能看到。这叫佩耳修斯—安德罗墨达型神话。希腊神话的英雄佩耳修斯从海怪那里救出王女安德罗墨达，并和她结婚。须佐之男斩杀大蛇的故事与这个故事属于同一类型，可看作该类神话中的典型。

因为须佐之男与栉名田比卖结婚，又诞生了许多新的神。其中第六代神叫大国主。大国主的作用在于继承父祖须佐之男所确立的秩序以及创造国家的知识。

小知识：三种神器

所谓"三种神器"，是指三件特别值得珍视的物品。比如 1950 年前后开始在日本家庭普及的电器（洗衣机、冰箱、电视）就被唤作三种神器。若在今日，或可举出三样高档品牌吧。

但是三种神器的本源是作为天皇地位的象征而被代代传承的三件宝物（镜、玉、剑）的总称。《古事记》云，天孙番能迩迩艺命自天而降之时，皇祖天照大神给了他八尺勾玉、镜和草薙剑。这就是三种神器的起源神话。关于三种神器中的镜，在天石窟一段，用"八尺镜"映照天照的脸并把她请出来的故事即是其由来，天照吩咐道："这镜便是我的魂，要像奉仕我那样祭祀它。"于是在祭祀皇祖的伊势神宫开始祭祀它。

镜、玉、剑作为一组随葬品，经常能在古坟中看到。它们曾作为王、豪族等人统治权的象征而受到重视。后来三种神器提高了等级，成为

古代的镜 关于镜，据传天照曾说那是"我的魂"。这是从福冈县冲岛祭祀遗迹出土的古镜（宗像大社藏）。

皇位的象征。大约在7世纪前后，代替传统的"大王"，制定了新的君主称号"天皇"（すめらみこと），创立了在伊势神宫的祭祀，同时还形成了高天原神话。镜被认为是伊势神宫内宫的神体，剑被认为是热田神宫的神体。被传到宫中的神器分别是它们的复制品。

第三章　小神作国

——大国主和少名毗古那的故事

大国主的别名

大国主有很多别名。

> 大国主神，亦名谓大穴牟迟神，亦名谓苇原色许男神[47]，亦名谓八千矛神[48]，亦名谓宇都志国玉神[49]，并有五名。

这是《古事记》里的记载。神有两三个别名并不稀奇，而有五个之多的却只有大国主神。为什么有五个名字呢？肯定是因为这尊神是统合了许多神格而被创造出来的。作为高天原之主，天照高高在上，需要在地上世界找一匹可与之对抗的骏马。正如须佐之男的狂暴衬托了天照的光芒一样，地上苇原中国的领袖也必须是一个大人物。从这个意义上说，可以将神话看作一部众神势均力敌、互相抗衡的戏剧。

就大国主而言，他的各个名字并不是平等的，自然有轻重之分，其中大国主的直接原型被认为是"大穴牟迟"（おほなむぢ）。

大国主铜像　位于出云大社内

"おほ"是大，是美称。"むぢ"与天照的原名"おほひるめむぢ"中的"むぢ"一样，也是尊称。"な"是"ない"（地震）、"なぬし"（名主）的"な"，指大地。因而"おほくにぬし"（大国主）与"おほなむぢ"（大穴牟迟）的意义大体重合。

但是比起"な"所表示的自然的大地来，"くに"显然就是一个统治的对象，大国主则成了升格的名字。大国主的故事占用了后文很大的空间，虽然故事的内容各式各样，但它们却可以简明地告诉我们，"大国主"是怎样成为"伟大的国主"的。

因幡白兔

在大国主故事中流传最为广泛的是帮助因幡白兔的故事。下面介绍一下故事梗概。

大国主有众多兄弟，统称为八十神。但是他们把国家的一切都交给大国主，然后发生了下面的故事。

八十神都想娶因幡（今鸟取县）的八上姬为妻，于是他们一起去了因幡。他们让最末一个弟弟大穴牟迟（大国主）背行李，当作仆人跟在他们后面。不久，到了气多崎。那里倒伏着一只被剥了皮的赤裸的兔子，非常痛苦。八十神对裸兔说：

"你应该到海水里洗个澡，然后让风吹一吹。如果卧在高山顶上，那里的风更通畅吧。"

兔子按照他们说的伏在山顶，结果海水被风吹干了，皮也被吹裂了，浑身痛苦难当。它悲伤地哭起来。

最后走来的是大穴牟迟。他看见兔子，就问它：

"你为什么哭呀？"

兔子回答说：

"我本来住在隐岐岛。我想渡海到这边来，但是我没有办法，我就欺骗海里的鳄鱼（不是爬虫类的鳄鱼，在出云，自古人们就将蛟、鲨鱼等物叫作鳄鱼）说，我想数一数，看是我们家族的兔子多，还是你们家族的鱼多。所以请你把你们家族的鳄鱼尽数招来，从这个岛排到气多崎，我只要在上面边跳边数就能知道了。于是鳄鱼果然被骗，排成了一排。我踩着鳄鱼跑过来，快到岸上时，我突然说漏了嘴：'你们上当了。'话刚出口，最末那条鳄鱼一口咬住我，把我身上的皮全都剥去了。我疼得受不了，就哭起来。结果刚才通过这里的八十神告诉我，洗海水澡，伏在当风处。我照他们说的做了，却满身都是伤口。"

于是大穴牟迟教导它说：

"现在你到河口用淡水洗净身体，然后摘来河口一带蒲黄的花撒满地上，你在上面打个滚，你的皮肤肯定会长好如初的。"

兔子依教而行，果然皮肤痊愈。它就是因幡白兔，传说中的兔神。

兔神向大穴牟迟预言说："那八十神谁也娶不到八上姬。你虽然身背行李袋，但只有你才能射中她的芳心。"

白兔海岸的大国主与白兔像　　后面是白兔神社的鸟居

末子成功与动物报恩

前面的白兔故事描述了大穴牟迟的善良。他针对兔子的伤情给出恳切而准确的指导，给人留下了深刻的印象。可以说这才是王者、国主所应具有的德行之一。其实在古代，医术也构成王的力量的一部分。对比地看，心地不良的八十神在这一点上已经失去了称王的资格。因此大穴牟迟向大国主的地位迈出了第一步。

在前面的故事中，之所以大穴牟迟被看作仆人，是因为他是最末一个弟弟。正如兔子所预言的那样，这次求婚并得到八上姬的是大穴牟迟。这样的故事叫末子成功型故事。较之年长的哥哥们，年幼的弟弟最终获胜的故事广泛分布在全世界的民间故事中。而动物报恩型故事——被帮助的动物报恩（浦岛太郎、鹤妻等）、心地善良者最终得到幸福的故事情节（断舌雀、开花爷爷等），都被人们广泛传播。

首先确定无疑的是，前面斩杀大蛇的故事、因幡白兔的故事等都是口传文学，曾在古代日本的炉火边被人讲述。教给白兔的治疗方法是实际存在的民间疗法，《古事记》把这些吸收进来，扩展了故事的范围，给故事吹进了生机。也就是说，在神话和民间传说交界的地方，人们讲述着有关出云的故事，从那里产生出特有的生活情趣和简便的生活方式。

少名毗古那登场

大穴牟迟（大国主）最大的事业仍如其名，是"作国"。《古事记》载，帮助了因幡白兔之后，他受到八十神的迫害，濒临死亡，但又复活了。不久，他去了祖神须佐之男所在的根国。在那里，他经受了各种考验，被授予"大国主"的称号。他再一次击退八十神的抵抗，"而始作国也"。但是这个"作国"不是大穴牟迟独立完成的，他还有一个叫作少名毗古那[50]的伙伴（帮手）。下面就是少名毗古那出场时的情景。

大国主神在出云之御大之岬时，有神以整剥的蛾皮为衣服，自浪尖乘天之罗摩船靠近。尔时，虽问其名不答，又问所从之诸神 51，皆曰不知。尔时有蟾蜍曰言："此者，稻草人必知之。"即召稻草人问时，答曰："此者，神产巢日神之御子少名毗古那神。"

"御大之岬"在今岛根县美保关，伸入海中的岬也可以说是与大海彼岸交界的地方。"靠近"是指从波浪间漂来。随波靠岸的是一位非常小的神。罗摩（かがみ），即今之萝藦，山野自生的蔓草，结10厘米左右的荚，剖开呈船形，所以乘之而来。这与后来一寸法师的"碗舟箸桨"何其相似乃尔。但他是以蛾皮为衣的怪异之神，问其名而不答，从行之神也没一人知其底细。复问蟾蜍、稻草人，方知其为神产巢日神之子少名毗古那神。

故尔，曰于神产巢日御祖命 52，答曰："此者，实我子也。于诸子之中，自我指隙漏下之子也。故与汝苇原色许男命为兄弟，而作坚 53 其国。"自此以后，大穴牟迟与少名毗古那二柱神相并作坚此国。然后少名毗古那神渡于常世国也。告曰少名毗古那神之蟾蜍者，于今为山田之曾富腾 54 者也。此神者，足虽不行，尽知天下之事也。

向神产巢日神禀告，方知是诸子当中从手指缝漏下去的那个儿子。神产巢日神是高天原的神，所以从上俯瞰，把大穴牟迟叫作苇原色许男（下界的强壮的男子）。这位神命令说，你们可成为兄弟，一起作坚苇原中国。之后这大小一对神齐心协力创造了这个国家。不久，少名毗古那就渡海去了常世国。

最早弄清少名毗古那底细的是稻草人（くえびこ），而"くえびこ"的"くえ"是崩塌的意思，比喻被风吹雨打而散塌的稻草人形象。山田之曾富腾指被雨淋透了的人，也是指从前在农村看到的风景——稻草人。从披露其原型的地方，也能看到少名毗古那等同于民间故事中主人公的味道。

实际上我们再看一下之后的民间故事，从竹子中生出的辉夜姬、童谣所唱的"不足一指的一寸法师，小身子，大志向"（岩谷小波作词，明治三十八年），还有从桃子、瓜里生出的桃太郎、瓜子姬，甚至还有从妈妈的脚后跟生出的踵太郎、从小腿生出的胫唾子等小主人公层出不穷。但是大多数后来都长得和大人一样了。总之，少名毗古那才是他们名副其实的开创者与始祖吧。

地形、地名的起源神话

身体虽小，却完成大事，这是少名毗古那、一寸法师等人的共同特征。而少名毗古那还是一个非常喜欢恶作剧的孩子。《日本书纪》中还能看到有趣的插曲：大穴牟迟将这尊神放在手掌上把玩时，他跳起来，贴在大穴牟迟的脸上；还有，他攀到栗茎上，一下子弹到了常世国。

《古事记》《日本书纪》中的少名毗古那故事讲到这里几乎就结束了，所以绝不能算多。但是如果看一下同时期的《万叶集》《出云国风土记》《播磨国风土记》等作品，就会发现这尊神屡屡与大穴牟迟搭帮出现。《出云国风土记》写作"造天下大神大穴持命与须久奈比古命"，可知他们是日本土著的创世神。记纪则依据他们的特性，将他们升格为国家级的创世神。

> 大穴牟迟神，
>
> 少名毗古那，
>
> 所作妹背山 [55]，
>
> 越看越壮观。
>
> ——《万叶集》卷七第 1247 首

据说纪伊国的妹背山是他们造就的。关于九州筑前国（今福冈县）的名儿山，人们唱道：

> 大穴牟迟神，
>
> 少名毗古那，
>
> 初次将名起，
>
> 唤作名儿山 [56]。

我恋千重厚，

一重慰亦难。

——《万叶集》卷六第 963 首

这两首歌表明，大穴牟迟和少名毗古那二神传说是特定山川的创造神、命名神。更有关于农耕生活的传说，如：

此大汝命[57]造碓稻舂之处者，号碓居谷；箕置之处者，号箕谷；造酒屋之处者，号酒屋谷。

——《播磨国风土记·贺毛郡》

和地名、地形的起源一起，还有不少将大穴牟迟当作农具及其技术的开创者的故事。人们将这些事迹集中起来，给予其一个伟大的称号"五百锄在手而造天下大穴持命"[58]（《出云国风土记·意宇郡》）。

其中还有一个令人愉快的故事：

昔大汝命与小比古尼命相争云："担黏土而远行，与不下屎而远行，此二事，何能为乎？"大汝命曰："我欲不下屎而行。"小比古尼命曰："我欲持黏土担而行。"如是，相争而行之。迳数日，大汝命云："我不能忍行。"即坐而下屎之。尔时，小比古尼命咲曰："然。苦。"亦掷其担于此冈，故号聖冈（黏土冈）。又下屎之时，小竹弹上其屎，污其衣。故号波自加村。其黏土与屎成石，于今犹在。

——《播磨国风土记·神前郡》

《古事记》中大穴牟迟和少名毗古那作国的内容以一句"作坚此国"结束，后来被当作具体的某某冈、某某村的起源在各地流传。前面的故事至今仍弥漫着粪尿的气息，有着浓厚的土著传承的味道。

谷灵、酒神、医神

与"おほなむぢ"的"おほな"（大）相对，少名毗古那这个名字叫"すくな"（小），这是基于大和小的组合。《风土记》和《万叶集》中都说二神携手，勠力同心，也就是说他们是传说故事中的人气人物。但是大穴牟迟和少名毗古那之间似乎也有任务的分担。二神都与农耕有很深的关系，但正如我们在前面谈及的，在农具和技术方面，大穴牟迟为主要的神，而稻、粟等作物的种子则一定与少名毗古那有关。在古代，谷物的种子几乎都是神灵一般的存在，所以全世界都相信"谷灵"。促进谷物生长的灵魂，很多时候是从异乡来到这个世界的，而从海的这边漂向常世国的少名毗古那似乎也可以被看作"谷灵"。

也就是说，少名毗古那就是这种灵魂性的存在，他有时会刺激体现现世力量和权威的大穴牟迟，并带来活力。他异常矮小的身体、像坏孩子那样的行为都证明了这一点。所以，也可以说他理所当然地还是酒神。下面这首歌是《古事记》中仲哀天皇部分的"酒乐"（酒宴）之歌。

> 此酒非我酿，
>
> 酒神在常世，
>
> 少名毗古那，
>
> 状如岩石立。
>
> 祝词多美好，
>
> 边唱边狂舞。
>
> 祝词多丰富，
>
> 边唱边旋舞。
>
> 美酒神灵献，
>
> 一滴莫要留。
>
> 快哉复快哉！

《日本书纪》载，大穴牟迟和少名毗古那还确定了医疗、咒语之法。正因如此，所以各地有很多温泉开发神的传说。现在仍作草药使用的石斛在古代叫作少彦药根[59]（すくなびこのくすね）（《和名钞》《本草和名》）。近世以后，大阪的药问屋街、道修町将其作为药种守护神来祭祀，设立了少彦名神社；并且直到今天仍在每年的十一月全店休业，举行大祭。

佛足迹歌、大黑天

后来，药师信仰逐渐普及，少名毗古那被视为药师如来。而奈良药师寺的佛足迹歌还对他们进行了比较，即药师如来是现在的（新的）药师，少名毗古那是常态的（平时的）药师。

药师有往常，
宾客已成今药师，
高贵又欣喜。

包括这首歌在内，奈良药师寺现存的、于天平胜宝五年（753）竖立的佛足迹歌碑上共刻有21首和歌。所谓佛足迹（佛足石），就是刻有佛的足迹的石头，各地都能看到，但据说药师寺的石头是日本最古老的。

总之，帮助因幡白兔的大穴牟迟发生了变化，几乎与佛教的药师如来重合。在不久后的平安末期，他又被视为大黑天。一般认为，大黑天虽然是佛教的守护神之一，但因为人们将其看作饮食之神，并形成了在寺庙库院里祭祀他的习惯，于是为了与大黑

大黑天　河锅晓斋画，《新板大黑天福引之图》，1887 年，国立国会图书馆所藏

（だいこく）相通，就将大国主"大国"（おおくに）的音读变成了"たいこく"。大黑天作为七福神之一，被认为是为商家带来生意兴隆、为农民带来丰产的神，因而被寄予了信仰。

"身背大口袋，大黑大黑来，这里因幡大白兔……"这是明治时期小学生唱的歌《大黑》中的一节。身背口袋、坐在米包上的大黑天像也广为人知，其中仍保留着古代创世神、农业神的影子。

第四章　八千矛神之歌

八千矛神的求爱剧

八千矛神是大国主神的"亦名"，所以这章也是大国主故事的一部分，下面就让我们读一读此前一直没有进入视野的"歌"吧。

出现在《古事记》和《日本书纪》故事中的歌一般被叫作记纪歌谣，两书合计共 240 首，其中体量最大且内容最丰富的可以说是八千矛神的歌。这是一首由四部分组成、长达 79 行的长篇歌谣。开头是八千矛神去拜访高志（越）的沼河姬（向她求爱）时的歌。

① 八千矛神命，

　八岛国中难枕妻。

　遥远高志国，

　闻听有贤女，

　闻听有丽女。

出发来访妻，

远道求共寝。

大刀绳纽未得解，

袭衣 [60] 未得去。

姑娘房内眠，

我立屋外推板户。

青山虎鸫 [61] 鸣，

我立屋外拉木门。

山野有鸟，

雉鸡喧喧闹，

庭院有鸟，

雄鸡喔喔啼。

鸟鸣惹人怨，

快快止啼声。

侍从海人驰作使，

此番尽是心中语。

  首先，第一行就点出八千矛神的名字。这与中世戏剧狂言用台词"我乃大名，就连远方之国也知我名"开篇相似。歌虽是歌，但与和歌、短歌不同，而是堪比戏剧的歌。所以希望读者就像看舞台上演员的演技那样来读这样的歌。

  八千矛神所去的是越国。所谓"越国"，是指北陆的越前、越中、越后的总称，似乎因为那里是需要翻越好几座山的地方，所以就被叫作"越"。"远道"一词让人感受到距离的远，而这时演员应该通过他的身体、手势来表现道远。

不久八千矛来到目标少女家，大刀也没来得及摘下，外衣也没顾上脱，立刻去开少女寝室的门。"我立屋外推板户""我立屋外拉木门"，他使劲地推门、拉门，但是毫无用处。在这里，突然改用第一人称"我"，或是因为随着场面越来越紧张，演员和主人公合为一体了吧。

时间在焦急的等待中过去，天快亮了。时间的经过通过青山—原野—院落这种远近法，伴随着周围的情景、鸟的叫声传达出来。男子懊恼至极，无名火直冒。他命令仆人海人驰使，去打杀那些可恶的鸟。海人驰使是属于海部（海人、渔人集团）的、奔跑办事的人。"此番尽是心中语"是歌告一段落的结句，加上后面的总共出现四次。

八千矛的歌被叫作"神语"。所谓"神语"，就是神的故事的意思，它似乎就是面对着固定的听众，伴随着演员的身段和配有一些曲调的歌上演的。作为证据，可以举出歌词的旋律。每两句分行，是因为每行有一小停顿。这也是身体动作的间歇。所有的"神语"都是踏着演员的足点唱的。

露骨、滑稽、哄笑

接着前面的歌，沼河姬没有开门，而是在门里唱道：

② 唤声八千矛神命，
　姑娘婀娜似纤草，
　我心已似渚洲鸟。
　而今我家鸟自在，
　日后将成汝家鸟。
　鸟啼天将晓，
　莫要打杀鸟。
　侍从海人驰作使，
　此番尽是心中语。

　青山隐夕阳，
　夜如射干子[62]。
　笑脸如朝日，
　白腕似楮[63]绳。
　酥胸如沐雪，
　轻轻君爱抚。
　纤纤手如玉，
　与君作枕眠。

君舒双腿睡，

莫再苦相思。

唤声八千矛神命，

此番尽是心中语。

　　这首歌的第二行"姑娘婀娜似纤草"特别强调是女性，这是因为演员实际上是男性。演员属半职业性质的俳优集团，但与中世的能乐戏班没有女性加入是一样的，在这里似乎也是男扮女装。歌的后半段反复叙述柔美的身体，甚至说出"君舒双腿睡"的词句。与本居宣长几乎同时代的国学者橘守部指出，这段"过于露骨，不能认为是女性言语，也许是因为这是俳优的台词吧"（《稜威言别》），我认为确实如此。

　　这样的演技肯定会获得观众的哄笑和喝彩。前一首歌讲的是，有八千矛这一英名的神却意外地迎来朝阳，将一腔愤懑都撒在鸟的身上，这一场面相当滑稽。与之相应，沼河姬的官能性表演却在勾栏之中掀起一个高潮。从"楮绳"到"双腿"，这六行形成高潮，而且这一部分与歌谣④须势理毗卖的歌正好形成反复，这正说明人们是对"神语"的哪部分有反应了。

　　在这方面可以作为佐证的是，须佐之男捣乱破坏之后，天照躲进了天石窟，这时天宇受卖的行为是"神灵附体，袒露乳房，衣裳的绳带也垂到了阴部"。而《古语拾遗》（807年）一书中的记载是，这时众神都张开手臂舞蹈，高喊着"哟哟，实在有趣，

天岩户神社的祭祀神体　据说便是《古事记》中所载天石窟

真叫痛快，真真清爽”，一片欢腾。众神的欢喜、哄笑就是古代的飨宴。可以说飨宴就是狂欢。露骨、滑稽是酒宴必有的要素，作为必不可少的东西，就是毫无顾忌地喧闹狂饮。

尽收鸟语、模仿鸟姿

歌谣②之后，两人当天夜里没有相会，而是在第二天夜里“为御合也”。随后，歌谣③的场景变了，八千矛神因为其妻须势理毗卖深深的嫉妒而叫苦，在将逃离出云时唱道：

③ 衣衫黑如射干子，
　　齐齐整整穿身上。
　　好像水中鸟，
　　低头看胸前。
　　好像展翅鸟，
　　衣袖上下扬。
　　这件衣衫不合身，
　　脱下犹如退潮水。
　　衣衫嫩绿如翠鸟，
　　齐齐整整穿身上。
　　好像水中鸟，
　　低头看胸前。
　　好像展翅鸟，
　　衣袖上下扬。
　　这件衣衫不合身，
　　脱下犹如退潮水。
　　山中播茜籽，
　　春出茜草汁。
　　染布做衣裳，
　　齐整穿身上。
　　好像水中鸟，
　　低头看胸前。

好像展翅鸟，

衣袖上下扬。

这件衣衫正合身。

可爱吾阿妹，

鸟儿成群飞，

我将结队往。

头鸟带群飞，

我将随队往。

阿妹虽曾言，

君去不泣伤。

或如山下芒，

垂首清泪淌。

阿妹长叹息，

朝雨雾迷茫。

弱草犹如我爱妻，

此番尽是心中语。

　　八千矛神的一系列歌谣可谓将鸟类一网打尽。歌谣①中，时间的推移靠虎鸫、雉鸡、雄鸡演示；歌谣②中，使用了渚洲鸟、我家鸟、汝家鸟等比喻；到了歌谣③，开始模仿鸟，"好像水中鸟，低头看胸前"，颇有水鸟意味的动作与仔细端详自己身段的八千矛重合。"衣袖上下扬"，模仿鸟的振翅。更有"鸟儿成群飞""头

虎鸫

雉鸡

鹭鸶

鸟带群飞"，不是说个人，而是将集团整个比喻成鸟。虽有叫作拟人的修辞方法，但我更想叫它拟鸟法。

　　为什么要模仿鸟呢？《古事记》别的地方记载，在天上的使者天若日子的葬礼上，河雁、鹭鸶、翠鸟、雀、雉鸡等鸟儿分担了工作。《万叶集》中，在柿本人麻吕所咏的葬礼歌（挽歌）里也能见到鹿、鹌鹑的身姿，说明在送殡葬礼上也有人模仿鸟兽。大概这与世界共通的幻想有关，通过鸟的身姿，人们看到了人的灵魂。戏剧的源流——模仿也就是从变身、假扮成鸟和兽开始的吧。若是这样，那么八千矛的歌就是植根于相当深的历史地层之中了。而我们也无法做出更多推测。

正妻的嫉妒

最后是须势理毗卖举杯咏唱的歌：

④　八千矛神命，
　　我的大国主。
　　你是好男儿，
　　巡遍岛与岬，
　　不落海边矶。
　　你有美娇妻，
　　袅娜似纤草。
　　我是女儿身，
　　除你之外再无男，
　　除你之外再无夫。
　　随风轻摆绫罗帐，
　　柔软苎麻衾被下，
　　沙沙作响楮被里。
　　酥胸如沐雪，
　　白腕似楮绳，
　　任君抚爱任君怜。
　　纤纤手如玉，
　　与君作枕眠。

君舒双腿睡，

醇酒奉君前。

神武天皇记中的歌谣"久米歌"唱道：

旧人来乞食，低矮卫矛果肉少……

新人来乞食，茁壮柃木果肉多……

如果正妻来要东西吃，那么就把低矮卫矛那样果肉少的东西给她；如果是新妻来要东西吃，那么就把柃木那样果肉多的东西给她。这也是宴席上唱的歌，把眼前的佳肴当作饭食。给旧妻一点点，给新人一大堆，总像是看人下菜碟。这似乎是男性本位的看法，但我还是觉得神和君主在性方面的放纵和好色也未必就是不受限制的。

在多妻制得到公认的阶层，女性之间虽然会有一些芥蒂，但能达到非常嫉妒这种程度的一般是嫡后。皇后是天皇妻子固有的称谓，第一位正妻特称嫡后。嫡后保有仅次于天皇的权威，而发威的形态之一就是嫉妒吧。这时即使是王、君主，也不得不避其锋芒。八千矛也不再一味逃避，而是与之重归于好了。

"神语"与大尝祭

八千矛歌的最后"醇酒奉君前"说明了"神语"和飨宴的接点是什么。前面说过，露骨和滑稽的表演是飨宴之中必不可少的部分，但这是怎样的飨宴呢？首先只有大尝祭的飨宴才符合八千矛神的歌。每年一次的收获庆典是新尝祭，而大尝祭是随着新天子即位举行的、一代只有一次的大祭。新尝、大尝的飨宴叫作"丰明"（toyonoakari）。"丰"（toyo）是表示贵重、丰富等意思的美称，"明"（akari）是指喝酒后脸变红。后来作为天皇赐宴，成为一种形式，而"toyonoakari"本来的意思是以酒池肉林、饕餮狂饮为能事的狂欢喧闹。对于经常与饥饿为伍的古人来说，一年一度在丰收之后的宴饮就成了满足饱食等各种欲望的唯一一个机会。可以说，如果没有它，那么要想维持日常生活、回归日常生活都是非常困难的。

我们在"神语"中看到的彻底的欢乐情绪、作为一部歌舞剧极高的完成度、半职业性质的俳优集团的存在等等，都说明这不是半生不熟的表演。大尝祭与日本神话是怎样的一种关系，我们还将在《第五章 天孙降临神话》《第六章 初代君主的神话》中再一次谈及，而"神语"可被看作其中最具神话性质的部分，它能让人听到神话鲜活的颤动，毫不附加多余的内容和矫饰。而且这几首歌只在《古事记》里有，《日本书纪》中则没有记载。较之外表，记纪之间还是有相当大的差异的。

尽管有可能是画蛇添足，但我还想再多说一句，《日本书纪》之所以删掉八千矛神的故事，也许是因为这个名字暗示着阳物（phallus）吧。也就是说，八千矛神象征着旺盛的性活力。据《日本书纪》记载，大国主有一百八十一个孩子。多产也是王者必不可少的资质。

第五章　天孙降临神话

天降胎儿之谜

大国主作国之后，高天原开始来谈判，要求把苇原中国让给天照大神的子孙。他们多次从天上向下界派遣使者，还发生了一些争执，而讲述这些过程的部分叫"让国故事"。

经过种种曲折，以在雄伟的宫殿祭祀大国主为条件，让国仪式得以举行。也就是说，这是出云大社的起源。这座神社现在仍拥有超大规模的神殿。根据近几年的发掘，我们知道这里从前的规模更加巨大。显然作为一例，古老时代的神话作为现实的模型仍在发挥作用。

于是天孙，即天神的子孙自天而降，这是为了成为地上的新统治者。这就是"天孙降临神话"。

一开始，准备降临的是天照的儿子忍穗耳[64]，但是后来由忍穗耳的儿子番能迩迩艺代替他降临了。忍穗耳说："在我准备降下的时候，我的孩子诞生了，名字叫天迩岐志国迩岐志天津日高日子番能迩迩艺命[65]。现在应该让他降下。"为什么会

081

出云大社正殿（上）　被发掘出的三根束在一起的巨大的柱子（下）
现在的正殿高 24 米多，而古代的正殿据传 48 米，也有一说是 97 米

发生这样的变化呢？《日本书纪》中也有同样的记述。别传中，忍穗耳妃在降临途中，于空中生下了番能迩迩艺命。天孙肯定是刚出生的婴儿。

可以认为这个故事是以新王的诞生来模仿新生命的诞生。在日本，所谓新王的诞生就是新天皇的即位，这时举行的祭祀叫大尝祭。现任天皇即位时于平成二年[66] 11 月 22 日在皇宫举行了大尝祭。按照传统，仪式还包括在深夜举行的非公开的部分。那时在神殿，天皇好像亲自完成了托生的行为。当时报纸提出的一个问题是，仪式上是否使用了衾（被褥）？宫内厅没有明言，但是按照古老的习惯，衾是最重要的装饰。这个衾叫"真床覆衾（真床追衾）"，出现在《日本书纪》中天孙降临条。

> 于时，高皇产灵尊以真床追衾覆于皇孙天津彦彦火琼琼杵尊，使降之。

皇孙是裹在其中降下来的。

这个"真床覆衾"的"衾"（被褥）究竟意味着什么呢？与番能迩迩艺诞生、作为婴儿降下的情况一起思考的话，那么"衾"就是指包裹胎儿的羊膜吧。《日本书纪》中"真床追衾"一词出现两次，都是有关天孙及其降生的。将其看作新天子诞生仪式和大尝祭特有的用具应该不会有错。

死与复活的仪式

神话思维很多时候会把社会性的事物表现为人的身体性事实。在开头一章"初始之世"我们已经看到，自然、大地的生成与身体器官的生成是被作为一个整体来叙述的。这里也是，在祭祀的场所，新君主的诞生实现了君主自身的托生——第二次诞生。它的起源大概可以追溯到民间的成人仪式（成人礼）。

成人礼是人成长过程中不可缺少的节点，在世界上广泛地举行。文明社会中的成人礼虽然已经被形式化，但它曾经是给予青年的一种严酷训练，以考验他是否具有成人的力量。奥林匹克也发端于古希腊成人礼上的体育、诗歌、音乐竞赛。重要的是，成人礼还是死与复活的仪式。人们认为，青年作为孩子死去，又作为大人复活。大尝祭也是基于同一种观念而上演了君主的新生。

虽然《古事记》中没有出现"真床覆衾"一词，但这是神话即将挣脱作为其基础的实际仪式而获得自由的表现。在这方面，《日本书纪》还留有脐带。

瑞穗国君主

我们再看一看神话与大尝祭的关系。

"天迩岐志国迩岐志天津日高日子番能迩迩艺命"是对即将降临的天孙极尽赞美之词。"日子番能迩迩艺"是饱满而丰富地结穗，即结出稻穗的意思，以此强调天地更加广阔（天迩岐志国迩岐志），并强调他是天神的子孙（天津日高）。稻穗的形象如此呼之欲出，就是因为大尝祭和每年新尝祭的源头其实就是稻穗的收获祭。

番能迩迩艺的父亲叫忍穗耳，哥哥叫火明[67]，而且他所降临之地叫筑紫（九州）日向高千穗峰（たかちほのみね），甚至番能迩迩艺的儿子叫作火照[68]、火须势理[69]、火远理[70]（又名穗穗手见），简直就是"ほ"的泛滥。这些儿子带有"ほ"字的名字写作汉字"火照""火须势理""火远理"，说明他们都是从火中出生的。也就是说，将稻穗的"ほ"改读作火焰的"ほ"，然后敷衍出火中生产的故事。由此我们能看到，《古事记》的讲述方法之一就是抖同音词包袱和玩文字游戏。

在第三章中，我们曾以少名毗古那为谷灵，然而番能迩迩艺才是稻穗的谷灵。这象征着稻穗几乎遍及天地的丰饶。而与此名相吻合呼应，命令他降临的天照大神所说的国名叫"丰苇原之千秋长五百秋之瑞穗国"，意思是"可谓丰沛的苇原，永远长存的、结出水嫩稻穗的国度"。将苇原中国变为丰饶国土正是谷灵番能迩迩艺的任务。历代新天子在大尝祭上都变身成神话中的番能迩迩艺，也就是说，他们作为谷灵再次诞生了。反之，也可以说历代天子在大尝祭上获得了天子资格，而天孙番能迩迩艺使他们的身份以神话的形式得以典型化。

现在的大尝祭仍保持着这种性质。如前所述，现天皇的大尝祭于平成二年11月下旬举行，然而祭祀的日程千百年来基本没有变化。皇位的继承（践祚）按惯例是在前一个帝王去世或让位之后进行的，所以日期不是固定的。但与之相反，无论践祚是什么时候，大尝祭一定是在11月下旬举行。

这个日期是与水稻的收获期相吻合的，和祖先神一起食用当年的新稻是"新尝"本来的意义。通过每年都这样做，天子化身为谷灵，成为瑞穗国的君主。更有伴随着一代一次的即位而举行的大祭，也就是大尝祭。

综观以上内容可知，与大尝祭直接有关的天孙降临故事是《古事记》神话的核心部分。也就是说，从天而降的神子成为地上最初的王，以此为原点，此前和此后的故事被逐渐加以修饰和添加。

大尝祭也好，新尝祭也罢，都是宫廷的仪式，都是古代政治势力为了神圣化自身而进行的一种表演。但是它试图采用与人们的水稻收获祭祀相同的形式，在同一时期举行，并通过这种方法使宫廷、国土、人民一体化，实现天子的君临天下。其本身就是一种政治幻想，但是人们所咏唱的歌和故事无疑都因被这种幻想吸收而得以丰富。通过宫廷神话这个路径，古代日本人怎样凝聚了他们的想象力？这是一个更加重要的问题。

神之子不仅来自天上，也有如第三章所讲述的少名毗古那那样从大海那边漂过来的神。不过，这些神已经被同化到以天照—番能迩迩艺为中心的高天原神灵系统中了。

似乎可以这么认为，在神话中，越是故事中古老的部分，实际上越是新时点的产物。比如《古事记》最初的部分，"天地初发之时"出现的天之御中主神等五神被视为特别的天神，这就是被添加上去的标志。从初始之世到天孙降临，故事是沿着时间的顺序进行的，但从故事完成的顺序来看，反而应该是从天孙降临到初始之世。

海幸山幸的故事

在降临到日向高千穗峰的番能迩迩艺之后，紧接着便是海幸山幸的故事。和因幡白兔一样，这也是一个广为人知的故事，但它的意义和地位又是怎样的呢？我们现在来看一看。

番能迩迩艺与大山津见神的女儿木花之佐久夜毗卖[71]结婚，生下火照、火须势理、火远理三个儿子。其中哥哥火照也叫海幸彦[72]，专门捕捞海中大大小小的鱼。弟弟火远理也叫山幸彦[73]，捕捉山中大大小小的野兽。有一次，山幸彦提出要互相交换"さち"（幸，捕获猎物的工具），海幸彦虽然不情愿，但也答应了他的要求。然而，弟弟用哥哥的"さち"（鱼钩）钓鱼，却一条鱼也没钓上来，还把鱼钩遗失到了海里。哥哥催他还鱼钩，弟弟便把剑打碎，最初做了五百个鱼钩，后来又做了一千个鱼钩作为赔偿，但是哥哥不接受，非要原来的鱼钩不可。

走投无路的弟弟火远理来到海边哭泣，这时盐椎神[74]走来。他听说此事后，就告诉火远理去往海神宫的海路。随着潮水前行，不久遇见了海神的女儿丰玉毗卖[75]。父亲海神得知火远理是天神之子，便为他与自己的女儿举行了盛大的婚礼。火远理就这样在海神国住了三年。一天，火远理深深地叹了口气，于是海神知道了事情的原委。海神将海中的鱼召集过来寻找鱼钩。不久发现失落的鱼钩在鲷鱼的嗓子里。海神把鱼钩还给火远理时告诉他咒语，又送他潮满珠、潮退珠，让他教训哥哥。

火远理回到故乡，照着海神的话去做，结果哥哥火照渐渐变穷。他失去了理智，进攻弟弟。而火远理利用潮满珠、潮退珠操纵潮水的涨退，再三让哥哥受苦。火照终于投降了，发誓"作汝之昼夜守护人而仕奉"。

兄弟相争，结果弟弟获胜，这种故事类型和大国主的白兔故事相同。但这个海幸山幸故事却成为隼人族臣服于大和朝廷的由来，因为哥哥火照出生时，《古事记》小字注为"此者隼人阿多君之祖"。

隼人是居住在九州南部，因语言、风俗不同而被视为异族的人们。直到8世纪中期一直叛乱不断，其动向是朝廷的一大关注重点。而另一方面，在平安朝的记录中可以看到，隼人族在大尝祭上曾表演歌舞隼人舞，隼人集团发犬吠声，从事天皇身边的警卫工作。因为认为异族的声音具有驱魔的力量，所以在七八世纪就确立了这种惯例。

当然天皇家的先祖和隼人族的先祖不可能是兄弟，但作为神代的事件，结为兄弟并因此令隼人臣服、奉仕朝廷的事件被作为神话加以确认。正因为在现实中对隼人的统治不够稳定，所以才有此必要。神话讲述的内容经常被认为是极其遥远的事情，但多数情况下是极其现实的动机和关注在起作用。海幸山幸就是其中一例。

用于隼人舞的盾 奈良市平城宫遗迹出土,图案或是为了驱魔（奈良文化财研究所藏）

为何降临日向

　　番能迩迩艺降到高千穗峰之后，故事的舞台就转到了日向。这里是一个包含"朝向太阳"之义的圣地。高千穗是符合稻穗灵魂番能迩迩艺的地方。尽管如此，不将政治、文化中心大和而是特别将西部边陲的南九州作为降临地，这其中肯定是有某种原因的。正因为紧随其后的是初代天皇神武天皇从日向到大和进行所谓"东征"和即位的故事，这就成了左右《古事记》神话构想的十分重要的一点。

　　虽然已经很少有人相信记纪的记述就是原原本本的历史事实，但承认其中多多少少有史实的倾向并没有绝迹。现在仍能看到这样的见解，即神武东征的故事是基于统治者曾经从西部而来的记忆。但是从学术的角度去探求神武东征几乎是不可能的。我必须说，神武天皇本身几乎就是一个虚构出来的人物。

　　把神话当作历史来读，在1945年以前的日本是理所当然的事情。记纪的记述被认为是不容置疑的神典。1889年（明治二十二年）发布的《大日本帝国宪法》第一条写道："大日本帝国由万世一系的天皇统治之。"第三条："天皇神圣不可侵犯。"所谓"万世一系"是指依据《日本书纪》所载的天照大神的神敕，天皇家的血脉永续长存。这条神敕庄严地刊载在小学等各种历史教科书的第一页。神话被看作国民教育的支柱，甚至忌讳把神话作为独特的文学、文化加以论述。除了日本，恐怕再没有像这样将神话等同于历史，且任由这种虚妄横行无阻的国度了。

　　如果站在神话终究是神话的角度来解读，降临到日向高千穗可被看作基于大尝祭仪式现场而产生的故事。这是最为正确的看法。火照（海幸）"作为昼夜守护人而仕奉"说明了为天皇外出和施行大尝祭时做警卫的人的起源。新天子变身为谷灵番能迩迩艺的深夜秘密仪式就是在隼人坚守的宫门内进行的。

　　于是由此导出把番能迩迩艺降临之地定在日向高千穗的故事梗概。这是因为人们认为日向高千穗一带就位于隼人族的根据地南九州。神话一下子跨越了日常空间的距离。在祭祀场所，新君主与隼人几乎是相邻而处。

小知识：伊势神宫的起源

皇族内每有结婚、生产等喜事，都要参拜伊势神宫（内宫）进行报告。因为伊势神宫是祭祀天皇家的祖先神天照大神的地方。

天孙降临时，天照所授的镜被祭祀在"五十铃宫"，这见载于《古事记》，成为伊势神宫的起源神话。

《日本书纪》载，崇神天皇时，将以前在宫中祭祀的天照大神迁移到大和的笠缝村。垂仁天皇时，皇女倭姬为寻找天照镇坐之所，去了大和、近江、美浓等地，到伊势时，得到天照的指示："这里是常世（大海彼岸的另一世界）之波涛不断涌来的美丽国度"，于是在此建立神社。以上是记纪中所能见到的伊势神宫的起源传说。

作为史实问题，确定神宫创建的日期很

伊势神宫内宫正殿　从古殿远望

难，但是 672 年壬申之乱（大海人皇子发动的内乱，结果近江京灭亡，大海人皇子即位，成为天武天皇）时，进入伊势的大海人皇子曾在这里祈祷天照大神的加持。其后内乱的胜利、天武朝的到来一下子强化了这个东方圣地——日出处——的光芒，皇祖神的地位也似乎岿然不动了。

　　伊势神宫分内宫、外宫，内宫祭祀天照大神，外宫祭祀丰受大神，该神是为天照提供饮食的神。

第六章　初代君主的神话

——神武天皇

神倭伊波礼毗古

平时我们常说"名如其人"，神话、民间故事的主人公确实像他的名字。桃太郎、一寸法师、辉夜姬等，不胜枚举，而此前出现的天照、须佐之男、大国主、少名毗古那等也完全一样。在这一点上，一般被称作神武天皇的第一代天皇又是怎样的呢？

神武天皇的本名叫神倭伊波礼毗古（现在通用的神武、天武等两个汉字的天皇名是奈良朝末期创造的，所以《古事记》中没有使用）。若问神倭伊波礼毗古是怎样一个名字，不如先看一下神武的故事吧。

前文所述的名字在《古事记》的系统中相当于山幸彦、火远理的孙子。

若御毛沼命，亦名丰御毛沼命，亦名神倭伊波礼毗古命。

"わかみけぬ"（若御毛沼）、"とよみけぬ"（丰御毛沼）

都是谷灵的名字，"わかみ"（若御）、"とよみ"（丰御）分别修饰表示食物的"け"。番能迩迩艺以后，火照、火须势理、火远理这些名字里都有表示稻穗的"ほ"，而神武也与他们相同，可说是番能迩迩艺的故事性分身。

《日本书纪》里有"始驭天下之天皇"之称，若要以这个名字概括神武的一生，也应该是若御毛沼（或丰御毛沼）→神倭伊波礼毗古→始驭天下之天皇这样一个顺序。由此看来，可以说所谓神武故事就是讲述原本的谷灵神格是怎样变成初代天皇的。

所以"かむやまといわれびこ"（神倭伊波礼毗古）一名中的"かむやまと"（神倭）很明显是指神的大和、神圣的大和。问题是"いわれびこ"（伊波礼毗古），一般的说法是指大和的地名磐余（いわれ），是指磐余的男子，但这是个分量有些轻的名字，不太适合初代君主。第一，磐余之地在《日本书纪》中只是一闪而过，几乎与神武的事迹没有任何关系。比起磐余来，应该将"いわれ"理解为端绪、传言的意思，解释为"表示神圣大和由来的男子"。地方土豪的名字多用"地名加'彦'（ひこ）"的形式，神武记中也有"うさつひこ"（宇沙都比古）、"とみびこ"（登美毗古）等例。而与此同一水平的名字"いわれびこ"与初代天子的重要地位完全不符。

神武为什么迂回熊野

神武从日向经濑户内海东进，又经浪速（难波）、熊野、吉野进入大和，定都橿原即位。这就是初代君主的诞生。这样的东征故事包含各种各样的内容，但其中所讲述的最大危机则是熊野的受难。在那里，神武及其一行中了恶神的毒气，失去了知觉，多亏高天原传来的大刀才摆脱危险境地。然而问题在于，为什么非要迂回熊野？

神武一行从西边登陆浪速，与当地土豪激战时说："我是日神之御子，所以向日而战不良。从现在起，我们以背负日击敌吧。"于是变更路线向南，但绕行熊野却是一条最远的路。

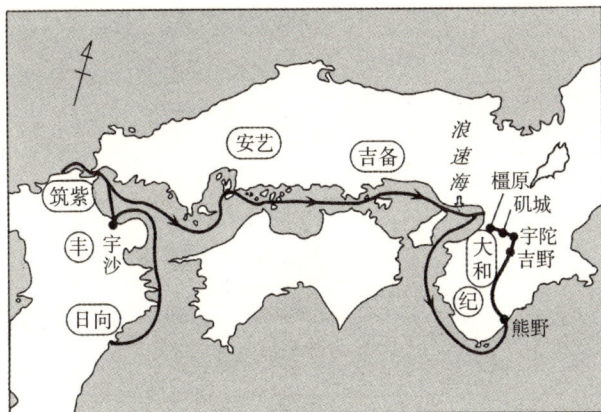

神武东征路线图

神武一行当然是以大和为目的地，但是不仅没走最短路线，反而选择了一条大迂回的艰难之路。这和天孙降临一样，也与大尝祭有关。

710年（和铜三年）迁都奈良是区分这个时代的一大历史性事件。因为作为永远的都城而营造的新都平城京[76]，实际上只是七代天皇的都城。平城京之前是藤原京，是三代之都，而再往前的都城都是以一代天子为原则的。《万叶集》中有难波天皇（仁德）、冈本天皇（舒明、齐明）、近江天皇（天智）等以都城名称呼的天皇，就是基于这样的习惯。

也就是说，天子一换马上改变都城是古代的习惯。这种定都仪式应该被包含在即位仪式和大尝祭中。这个仪式叫"觅国"。

平城宫遗迹　重建的大极殿

这个词出自大伴家持的歌"……踏破山川裂磐石，觅国降猛神……"（《万叶集》卷二十）。意思是，分开岩石，踏破山川，一边寻找好的地方，一边降服那些桀骜的神。而四处寻找适合建都的地方就是"觅国"。古代的祭祀就是一出戏剧，所以要想到达好的地方、光明之地，就必须经由与之相反的不毛之地、荒凉之地。熊野就作为这样的不毛之地和荒凉之地登场了。下面的译文传达出熊野给人的感觉。

> 一到熊野村，马上有一头大熊出现，又突然消失了。于是伊波礼毗古中了大熊的毒气，瞬间失去了知觉，士兵们也都失去了意识，都倒在了地上。

> ——《新释古事记》

熊野虽然临近畿内，但当时被人们看作一个异乡。正如桀骜的蛮族被叫作"熊袭"那样，"熊野"也象征着人们惧怕的另一个世界，其形迹在此用敬语"御熊野"表现出来。

神武天皇的"觅国"与在大和境内四处物色不同，是将大和本身作为皇城之地来发现，也就是说，这是一种特别的"觅国"。这才是神倭伊波礼毗古这一名字的由来，也是自日向出发以来经过海路、继而踏破熊野这样一个宏大故事展开的理由。

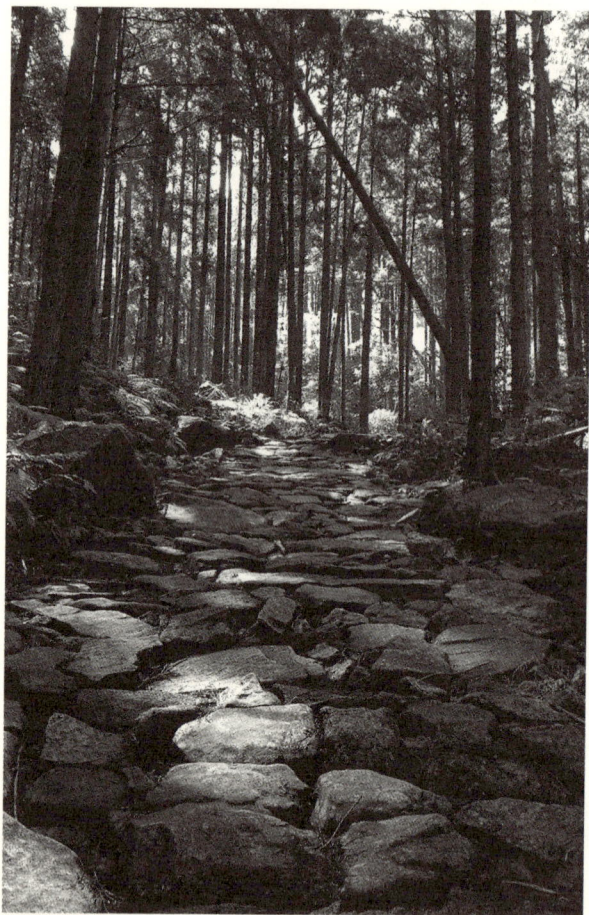

熊野古道　郁郁苍苍，古木参天

八咫乌的故事

在熊野危机之后，有天神来说："不要从这里再往深处去，那里还有很多桀骜不驯的神。现在派八咫乌（やたがらす）从天上下去，你们最好让它作先导。"人们依其教，跟在八咫乌的后面前进，不久就到了吉野。

"やた"的"や"是八，表示数量多。"た"是"あた"之略，"あた"是古代的长度单位，"一咫"是伸开大拇指和中指的长度，假如是20厘米左右的话，那么八咫乌就是近2米的大乌鸦。《新撰姓氏录》（平安朝记录有实力氏族的起源、来历的书）载，鸭县主的祖先即是大乌鸦，曾作神武军队的先导。而且鸭县主在大尝祭时，手擎灯火，负责引导天子。由此我们能看到，神武东征记中的八咫乌插曲以故事的形式转换了大尝祭的场面。

八咫乌为神武天皇指引方向　　安达吟光画

飨宴之歌

——久米歌

从熊野到了吉野，大和就近在眼前了。于是平定大和的故事开始了。神武打败、收服了兄宇迦斯、弟宇迦斯、土云八十建、登美毗古等土豪，虽然几乎没有具体的战斗场面，却留下一组叫作久米歌的活泼而精彩的民歌。

故事发生在宇陀（今奈良县宇陀郡菟田野町、大宇陀町），神武消灭了那里的兄宇迦斯，降服了弟宇迦斯。兄宇迦斯假装投降，暗地里却设下陷阱，企图陷害神武一行；可是弟宇迦斯把这个阴谋告诉了神武，所以兄宇迦斯被赶进自己设的陷阱死了。这个插曲属于兄恶弟善类型的故事，设陷阱的情节是基于下文将要讲述的久米歌①中的"宇陀高地修砦栅，张起网罗捕山鹬"。

除了这几首久米歌，平定大和的故事就几乎没有其他内容了。六首一组的久米歌构成神武记的中心，故事只是对这些歌的描画。

久米歌是久米部的人所唱的歌。久米部是隶属于大和朝廷的"部民"职业集团之一。我们先看一下出现在神武故事中的久米歌吧。

① 宇陀高地修砦栅，
　　张起网罗捕山鹬。
　　我在等待哟，
　　山鹬不触网。

鲸鱼壮而美，

鲸鱼触罗网。

旧妻来乞食，

低矮卫矛果肉少，

多剜鹬肉少薄处。

新人来乞食，

茁壮柃木果实多，

多剜鹬肉多厚处。

哎……，兔崽子们。（此处含有敌意）

啊……，兔崽子们。（此处含有嘲笑的语气）

② 忍坂大室屋，

多人已进来，

多人进屋内。

威风凛凛的久米儿郎，

拿起头椎刀，

拿起石椎剑，

还不击杀吗？

勇敢的久米儿郎，

拿起头椎刀，

拿起石椎剑，

现在击杀正相宜。

③ 威风凛凛的久米儿郎，
　　一根韭菜生粟田，
　　连带拔出根与芽，
　　难道还不斩杀吗？

④ 威风凛凛的久米儿郎，
　　花椒种在墙垣下，
　　吃在口中麻酥酥，
　　酥麻不能忘，
　　难道还不出击吗？

　　久米歌还有两首，共六首。平定大和故事的构成形式就像这六首久米歌中描画的那样，先有歌，再把故事与其契合。正如歌词"还不击杀吗"所表现的，久米部是一个专业的战斗集团，同时好像也从事膳食和飨宴。歌①③④展现了与食材有关的厨师的身影，原本①②就是作为飨宴时的歌演唱的。

　　关于①，前文第四章引用了一部分，把歌还原到飨宴的现场，似乎就能看到因喝酒而脸红的人们的表情，听到他们的大笑声："瞧，我所设的罗网，抓住了鲸鱼。"鲸鱼，自古就是人们能吃到的特大恩惠。以从山鹬到鲸鱼的意外飞跃和眼前的菜肴为素材，只给旧妻一点点，给新人一大堆，用身体动作和手势表演出来，肯定会引得满座沸腾。

歌谣②中，抢起头椎刀（柄头呈圆形的大刀，"石椎"不是石槌，而是坚硬的大刀的意思）的动作像挥剑一样，再现了战斗场面。"威风凛凛"是久米部固有的枕词（修饰词），表示势头威猛。这首歌威猛英勇，可以说与"威风凛凛"正相吻合。

歌谣①也是如此，但在歌谣③④中，从身边的食料到久米部的生态都浮现出来。种椒（山椒）、摘韭菜是久米部日常的生计。他们不是从外面看椒和韭，而是用平时生活中直接拿手触及的感觉来歌唱。大概久米歌与花鸟风月的审美意识无缘，实质性的健壮刚强才是它的优点。

以这些久米歌为歌词表演的艺术就是久米舞。而新尝祭、大尝祭的飨宴就是大力表现久米舞的地方。平安朝出现过大伴氏弹琴、佐伯氏舞刀，表演斩杀土蜘蛛的舞蹈的记录。当时统率战斗集团久米部的武家门第大伴氏和佐伯氏代替久米部进行了表演。所谓"土蜘蛛"是对土豪的蔑称。为让这些地方势力臣服，久米部的人们作为战士肯定发挥了重大作用。于是人们便以各种经验为基础表演战斗歌舞——久米舞，并通过大尝祭这个途径，将他们编入神武东征的故事中。

久米歌构成记纪歌谣的一种。记纪歌谣是用一字一音的假名标记的，与以汉文记述为主的《古事记》体裁文章不同，从中能听到古代人的心声。这些歌谣中的最大杰作就是前面已经触及的八千矛神之歌，而与其并列且独具特色的歌谣就是久米歌。它与《万叶集》里的抒情歌完全不同，是扎根于生活的、热情奔放的歌，这一点值得珍视。

　　而在大尝祭故事化这一点上，天孙降临和神武天皇记是共通的，后者的舞台绝不可能离开现实的地上世界。本质虽然是神话，但套上了"历史"的衣装，这就是神武故事。

第七章　蛇神大物主

——三轮山神话

神婚传说

从神武天皇开始，进入了人的时代。故事的舞台也与跨越天上、地上、地下的神代不同，变成单一的地上世界。神武所面对的对手是半神半兽的大熊、生尾巴的土云八十建等怪异之物，而神武即位后迎来的皇后也是三轮大物主[77]的女儿。

虽说是人的时代，但众神的气息还残留在各处。在这样一个时代，到了从神武往下数第十代的崇神天皇的部分，有三轮山神的故事见载。

崇神天皇时期，瘟疫流行，人民相继死去，人种几近灭绝。天皇极其忧虑，向神祈祷。于是大物主大神显现于其梦中床榻边，说："这些疫病出自我心。要想消除，可命意富多多泥古来祭祀我，则神祟不起，国家自安。"

意富多多泥古究竟是谁？天皇派使臣四方寻找，最后在河内的美努村找到了，并送到天皇那里。天皇问：

"你是谁的儿子？"

"大物主大神娶陶津耳之女活玉依毗卖生子栉御方命，栉御方命之子饭肩巢见命，饭肩巢见命之子建瓮槌命，建瓮槌命之子意富多多泥古，也就是我。"

天皇大喜："天下太平，人民心安了。"立即以意富多多泥古为祭司，在御诸山[78]拜祭大三轮大神。

于是，瘟疫得到遏制，国家稳定下来。而人们之所以得知意富多多泥古是神之子，是因为下面这样一段原委：

前面说到的活玉依毗卖容姿端丽，明艳动人，于是不知从哪儿来了一个仪表堂堂的年轻人，深夜与活玉依毗卖相爱。

他每晚都来。不久，活玉依毗卖怀孕了。她的父母觉得很奇怪，就问她："没有丈夫，独身一人，哪儿来的身孕？"

活玉依毗卖回答说："有一名漂亮小伙儿，我不知他来自哪里，也不知道他的姓名。他每晚都来与我共寝，自然我就怀孕了。"

父母想知道那人是谁，什么来历，就对女儿说：

"你把红土撒在床前。然后用针穿上麻线，刺在他的衣服上。"

女儿按父母的吩咐做了。第二天早晨一看，穿着针的麻线从门的钥匙孔钻了出去，剩下的麻线只有三卷了。他们明白了，那个男子是通过钥匙孔进出的。他们顺着麻线寻找，就来到了三轮山的神社。

于是人们知道意富多多泥古是神之子。

因为麻线剩下三卷，所以就命名这个地方叫作三轮。

当地的少女迎来神并生下神子的故事叫神婚传说，三轮山神话是其代表。活玉依毗卖这个名字，和同样是神婚传说的贺茂传说中的"たまよりびめ"（玉依媛）一样，意思都是神灵（"たま"）附体的女性。

神子的诞生绝对是被作为奇迹、神异来讲述的。在这里，不知道每夜来访的男子的原形，于是顺着扎在衣服上的麻线，弄清是三轮山的神。但这个麻线是通过钥匙孔出入的，说明他是蛇体之神。

蛇体之神大物主

位于大和平原东南的大神神社今天仍将耸立在其东面的三轮山当作神体，保留着原初的崇拜。这里没有一般神社式样中能见到的神殿（神体）。正如富士山、御岳山等山所示，自古以来山本身就是神体。三轮山当然有很久远的历史渊源，而这种渊源与蛇体也不是没有关系的，因为龙神、龙或八岐大蛇等古老时代的神有不少都是蛇体。而且三轮神的子孙意富多多泥古更以祖先是蛇神而自豪，伴随着其家系一代代地传颂下来。

远眺三轮山　从西眺望，因是大神神社的神体，所以山的大部分是禁止普通人进入的

蛇体把手深钵　抬起扁平头的姿态让人想起蝮蛇，蛇神是大地的精灵（茅野市尖石绳文考古馆藏）

绳纹陶器惹人注意的一点是常被施以一种奇怪的纹样，即用蛇纹、蛇形把手等来表现蛇体。这种陶器首先是用作祭祀工具，从中能够感受到古人对蛇体的敬畏。蛇住在地下，它的蜕皮、再生的形态似乎象征着大地的生命力。三轮山神也在此意义上成为大和国的地灵。大物主就是伟大的万物（魔物、鬼神、灵魂）之主，而三轮山神话讲述了其不可思议的来历，可以说它恰恰

114

解释了"物语"这个日语词本来的形态。

《万叶集》女性歌人额田王在迁都近江（667年）时咏唱了如下的歌。这首歌唱出三轮山在当时人们心中的分量。

　　　三轮山，
　　　这般遮隐乎？
　　　白云亦应发恻隐，
　　　怎可遮隐乎？
　　　　　　　　——《万叶集》卷一第18首

要如此这般地遮掩三轮山吗？哪怕是白云，也应发一发同情之心，岂能这样遮掩？这首歌是在能将大和国尽收眼底的北方国境奈良山咏唱的。它和比这首歌更长的长歌构成一组，吐露了歌人对大和、对三轮山的绵绵情思。

迁都近江与在大和一国之内或畿内（由大和、摄津、含和泉的河内、山城四国构成的当时的首都圈）来回迁都不同，第一次将都城迁到畿外，是前所未有的大事件。由于对外关系紧张而带来的危机感，这首歌更加深刻地表达了人们离开大和（三轮山）时的心情。

有一种民间故事叫"蛇入赘"，其中的"苎环"型故事描述了与三轮山神话几乎相同的情节。有人为了弄清总是与女儿私会的男子的原形而扎了一根线，结果发现原来是蛇，于是用酒将女儿腹中的蛇子溶化了。这个故事已经将蛇看作邪恶的、令人厌恶的对象了。这说明古老的蛇神已经丧失了权威，成了稀奇的话题。似乎可以认为，神话与民间故事之间已经产生了比其外在形式更大的差异。

第八章　沙本毗古和沙本毗卖的故事

人世间的爱情故事

崇神天皇之后是垂仁天皇的时代，这里有一段沙本毗古和沙本毗卖兄妹的故事，俨然已是一个人世间的爱情故事。

垂仁天皇迎来的皇后是沙本毗古的妹妹沙本毗卖。有一次，哥哥沙本毗古问妹妹沙本毗卖：

"丈夫和我这个哥哥，你喜欢谁？"

沙本毗卖回答："喜欢哥哥。"

"你如果真的喜欢我，就让我和你二人一起治理天下吧。"说罢，就把一把反复锻打的带钮的小刀交给了妹妹。

"趁天皇熟睡时用这把刀杀了他。"他怂恿妹妹说。

天皇一点也不知道他们的阴谋，枕着皇后的腿睡着了。沙本毗卖想用那把刀刺穿天皇的脖颈，但是因为禁不住对丈夫的感情，三次举刀都刺不下去，涌出的泪水滴落在天皇的脸上。

天皇被惊醒了，说：

"刚才我做了一个奇怪的梦，梦见从佐保那边来了一阵骤雨，打湿了我的脸。一只锦色小蛇缠住了我的脖子。这个梦是什么征兆？"

沙本毗卖见包藏不住了，就以实相告：

"我的哥哥沙本毗古问我是喜欢哥哥，还是喜欢丈夫。面对哥哥，我突然觉得有些怯懦，就回答说喜欢哥哥。于是哥哥说：'我和你共同治理天下吧。所以你要杀掉天皇。'这把带钮的小刀就是他给的。刚才我想用它刺您的脖子，举起了三次，但因为悲伤而下不去手，眼泪打湿了您的脸。这就是出现在您梦中的征兆吧。"

天皇说："我差点被蒙骗了。"他立刻整军讨伐沙本毗古。沙本毗古赶紧筑起一座稻城（用稻草垒起的防御墙）迎击。当时，沙本毗卖没能克制住对哥哥的顾念，便从宫殿后门逃走，进了稻城。这时皇后已经有了身孕。

天皇想，我迎娶沙本毗卖为后已三年，宠爱之心，非世间常有，况且她已有身孕，我不能骤然发起进攻。于是放缓了攻城。在这个过程中，胎儿足月，皇子诞生。沙本毗卖把孩子放在稻城外，对天皇说：

"如果您认为这个孩子是您的孩子，就请您把他养大吧。"

天皇听到后，虽然痛恨她的哥哥沙本毗古，但对皇后的感情却丝毫没变，仍想将她夺回来。于是他从兵士中挑选了几名有力量的、敏捷的力士，对他们说：

"在取孩子时，把他妈妈也抢过来。头发也好手臂也好，紧紧抓住拽回来。"

但是，皇后早就想到了这一点。她把头发剃下来，然后虚盖在头上。又将穿玉的绳纽腐坏，在手上缠了三圈，又把用酒泡烂的衣服穿在身上。一切准备停当，她再一次抱着孩子走出稻城。力士们接过孩子，又想抓住母亲。但是，一抓头发，头发掉了。一抓手臂，玉绳噗的一声断了。就连衣服也烂掉了。结果虽然得到了孩子，却没有抢回母亲。

力士们回奏天皇，天皇又惋惜，又怨恨，尤其痛恨造玉串的玉造部的人，全部没收了他们的领地。于是留下了"不得地的玉造"的谚语。

之后关于孩子的名字、养育，还有皇后的继任人选等问题，天皇和沙本毗卖进行了对话商讨。最后终于攻灭了稻城，沙本毗古被杀，妹妹沙本毗卖也随兄死去。

兄与妹的纽带

这个故事的主人公是沙本毗卖。沙本毗卖所处的境地是夹在对丈夫的爱和对哥哥的爱之间。这种进退维谷的切身感受在向午睡的天皇举了三次刀却终于没能刺下去的场面中充分表现出来。正因为越发感受到枕着自己腿休息的丈夫的信赖和爱情，所以虽然有哥哥的吩咐，却不可能服从。丈夫只有天皇一个，哥哥却想夺他的皇位，这使她左右为难。最后她舍弃丈夫，和哥哥一起死了。她不可能有其他的选择。这个故事描述了一个悲剧性的人生。

这样的情况在现代，至少是现代日本，是很难被人理解的。因为一般来说，无论男女，只要结婚，就结成了伴侣的关系，这是第一位的，兄弟姐妹的关系就变淡了。但是家族、亲族的纽带有一个历史的变化过程，特别是在有的时代，同母兄弟姐妹之间的纽带比夫妇之间的纽带更受到重视。

中国的史书《魏志·倭人传》记载，在倭（古代日本）的邪马台国，女王卑弥呼由她的"男弟"辅佐。卑弥呼虽然年龄很大了，但是她没有丈夫，经常以"鬼道"（魔术）迷惑人，应是具有通神能力的女巫。与掌握着宗教性权威的姐姐相反，掌握政治的、现世的统治权的是"男弟"，姐弟互相辅佐，形成一个共治体制。哥哥沙本毗古说"两人一起治理天下吧"，就是对这样的共治体制的描述。

沙本毗古、沙本毗卖兄妹的名字无疑表示他们是同一个母亲所生。二人因名字而更加得以强化的纽带却因天子之命而不得不被消灭。以天皇为顶点的政治体制吸收了曾经由卑弥呼保持的神灵性质的权威。沙本毗古、沙本毗卖兄妹的故事可以被解读为在这个过程中发生的历史悲剧。

第九章　引国神话

——《风土记》的世界

另一个国土创造神话

前面我们主要依据《古事记》叙述了日本的神话，虽然也多少触及了《日本书纪》，但基本上是为了佐证《古事记》。作为神话作品，《日本书纪》远不及《古事记》。

但是仅靠宫廷或政府完成的记纪二书，是无法说尽日本神话的。除这两部书外，还有可谓地方神话的《风土记》，其中包括很多不能不看的神话。《风土记》是和铜六年（713）朝廷命令各国提交的地方志。里面有很多在各地乡村流传的土著传承，前面提到的《播磨国风土记》所载大穴牟迟和少名毗古那的故事即是一例。

但是《风土记》神话中最富有魅力的是《出云国风土记》中传承的"引国"神话。无论是其规模和想象之宏大，还是细节表现之敏锐和叙述之生动，都堪称日本古代文学的杰作。

所谓"引国"，正如其字，就是把国拉拽过来，从别的地方把国土拉到原初的国土上，以扩大领土。与伊邪那岐、伊邪那美

古代的出云

生国不同，这是另一种国土创造故事，是讲述巨人神八束水臣津野命（やつかみずおみつのみこと）的业绩。这尊神是出云的祖先神，出现在《出云国风土记》的开头部分，被认为是"出云"地名的命名者。八束水（やつかみず）是水深且丰沛的意思，"おみつの"（臣津野）表示水之主。也就是说，这个巨人是出云一带海湖的神格化。

"引国"故事采用讲述地名起源的形式。虽然有些长，但我还是引用一下原文吧。

所以号意宇者，引国之八束水臣津野命诏："八重云涌出云国者，犹似窄布稚嫩国哉。初国小作，故将作补缝。"

又曰："新罗岬，国有余耶？观之，国有余。"言罢，取平如童女胸之锄，刺开大鱼鳃，打散似旗芒穗，系紧三股绳，如拉霜黑葛，用力捯呀捯，犹似纤拉河船，用力拉呀拉，口喊"国来，国来"，曳引缝合。此国自去豆[79]崖至八百土之杵筑御埼[80]。为此而加固之桩者，石见国与出云国之界，名佐比卖山[81]是也。持引之绳者，薗之长滨[82]是也。

又曰："北门[83]佐伎之国[84]，国有余耶？观之，国有余。"言罢，取平如童女胸之锄，刺开大鱼鳃，打散似旗芒穗，系紧三股绳，如拉霜黑葛，用力捯呀捯，犹似纤拉河船，用力拉呀拉，口喊"国来，国来"，曳引缝合。此国自多久[85]崖至狭田国[86]是也。

又曰："北门波良之国[87]，国有余耶？观之，国有余。"言罢，取平如童女胸之锄，刺开大鱼鳃，打散似旗芒穗，系紧三股绳，如拉霜黑葛，用力捯呀捯，犹似纤拉河船，用力拉呀拉，口喊"国来，国来"，曳引缝合。此国自宇波[88]崖至暗见国[89]是也。

又曰："高志之都都之三埼[90]，国有余耶？观之，国有余。"言罢，取平如童女胸之锄，刺开大鱼鳃，打散似旗芒穗，系紧三股绳，如拉霜黑葛，用力捯呀捯，犹似纤拉河船，用力拉呀拉，口喊"国来，国来"，曳引缝合。此国者，三穗之埼[91]。持引之绳者，夜见岛[92]。加固之桩者，伯耆国火神岳[93]是也。

"今引国迄。"言罢，立御杖于意宇杜，曰："噫！"故云意宇。

大地、大海、共同体

一开头就举出"意宇"这个地名，因为意宇是古代出云的中心区域，是能看遍所有云彩的地方。而且它的视野从新罗（朝鲜半岛）到北陆（高志、越），控制整个岛根半岛的门户，证明了掌握这个地方的王（豪族）的实力。

引国有四次，从出云的西面到东面，拉来、缝合了日御碕、狭田国、暗见国、三穗埼。每次都从"取平如童女胸之锄"开始，直到"口喊'国来，国来'，曳引缝合"，反复重复完全相同的话。四度引国反复使用相同的章句，前半部分表现了持锄刨地的农民活动和刺进大鱼鳃的渔民活动带来的紧张感，后半部分通过"霜黑葛""河船"等比喻表现了"捯呀捯""拉呀拉"悠长的声调，前后形成鲜明的对照，令人读来兴致盎然。霜黑葛是霜打后的葛等蔓草，这些植物作为纤绳反而更加结实，所以用来表现用力捯过来的情景。

"刺开""打散""系紧"等表现身体动作的词充满力量感，当然是伴随着讲述者的动作来展开巨人神的作国。因为从"取平如童女胸之锄"到"口喊'国来，国来'，曳引缝合"四度反复，所以读这段文字也许会让人觉得冗长。但是通过身段动作的大小缓急来表现从西向东拉过来国的时候，人们应该能从中目睹祖先神的作国。地名"意宇"的来源是神的语言"噫"，是一个做完全身性动作之后发出的感叹词。通过这个词，我们弄清了意宇之地的起源，确认了领有它的王的地位。

在每年的祭祀上进行"引国"表演，大概是试图以此使王得以再生和更新。虽说是王，但却没有游离以此为基础的大地、大海，以及在这里生息的人类共同体的劳动。甚至可以把共同体的领袖、英雄的身影看作八束水臣津野命。这种依靠全身力量完成的伟业说明统治阶级还很年轻，尚未成为有闲阶级。

第十章　悲剧皇子倭建

征讨之旅

倭建是景行天皇的皇子之一，幼名小碓命（亦名倭男具那）。倭建的意思就是"倭国的勇士"，其生平讲述了他是怎样成为倭国的勇士的。但是他的征讨之旅几乎等同于流放，最后精疲力竭，孤独地死去。这可以说是勇者的悲剧吧。

《古事记》中倭建的故事是这样开始的。

景行天皇听说美浓国造（由地方豪族世袭的首长）的女儿兄姬弟姬容貌端丽，就命小碓命的哥哥大碓命把她们接来。但是作使者的大碓命却让姐俩做了自己的妻子，而用另外的女子充数送给天皇，且自己也没在公开场合露面。天皇知道了实情，对小碓命说："你哥哥怎么一直没露面，你去诚恳地教导一下他。"之后过了五天，大碓仍没有露面。天皇问小碓，答曰："我十分诚恳地做了。"天皇又问："你是怎么教导他的？"答："早上哥哥去厕所时，我在那里等着他，拉断他的四肢，裹在草席里扔了。"

这个小碓的行为，正是体力和智力的结合。他硬是曲解父亲的话，按他自己的方式"诚恳"地处置了哥哥。父皇对小碓的刚烈性格深感恐惧，就派他去征讨西方。从这里可以看到，王族内部的力量关系不仅仅关乎女人，甚至还有父子围绕王位相争的关系。天皇视小碓为威胁自己王位的危险人物，所以疏远了他。

西征时，小碓的智勇得到充分的展现。首先对于不服从的势力熊曾建兄弟，他乔扮女装进入他们的宴席，趁其不备用剑刺穿他们，像切熟透的瓜一样将他们碎

女装的小碓　菊池容斋画

136

尸万段。更在讨伐出云建时，又用同样的欺骗手段杀了对手。讨伐熊曾建兄弟时，小碓改称倭男具那（やまとおぐな），"おぐな"是童子的意思，是留有前发的十五六岁的少年的装束。而熊曾建给他献上了一个名字，表示大而无与伦比的勇者，即倭建。通过变装、考验、命名，名为倭男具那的大和勇士诞生了。

东　征
——命运的自觉

上述西征故事中的倭建是个不计后果的、刚勇的年轻人。但是勇健给他带来了挫折。从西方回来，席不暇暖，又被天皇命令去平定东国。在去往地方的途中，他参拜了伊势神宫，向作为斋宫奉仕神灵的姨母倭比卖命诉说。

天皇既欲思吾死乎？何击遣吾讨西方之恶人等，而归来之间未经几时，今更不赐军众，而遣吾平东方十二道之恶人等？因此思之，仍欲看吾死焉？

因为过于刚勇，反而不得不被父皇疏远。在此，他看到了自己的命运。西征归来，立即接到东征的命令，且这回连军队都没有配备。思来想去，只能认为天皇是让自己去死。《古事记》

战士填轮（陶俑）表现出不计后果的勇士的形象（6世纪作品，东京国立博物馆藏）

中，人物的心理表现大抵是粗略的，一般是用现成的歌谣来代替。但从上文来看，倭建的内心世界却是栩栩如生地表现出来。虽说只是一个细节，但可以说体制与个人的矛盾斗争这样一种古代散文的表现形式已经形成了。《日本书纪》也记载了他的故事，但书纪中的倭建只不过是秉承父皇的意志行动的人物，父子间没有纠葛，所以完全欠缺这种痛切的因素。

地名"吾妻"（あずま）的起源

以征讨的名义遭到流放——事态虽然与西征时一样，但东征的倭建已经领悟到这一点，于是便增强了其征讨之旅只能以死告终的流浪的印象。尾张、骏河、相模、甲斐、信浓……经过这些地方，倭建于东征中征服了东海、东山二道各国的暴戾之神、反抗之人。其间还穿插了很多插曲。足柄岭可以被看作东征故事中的山，在这里，有一个讲述地名"吾妻"（あずま）的起源的故事。

从相模向西，越过边境的足柄岭时，倭建回望东方，叹息

倭建东征关系图

三声，轻声喊道"吾妻（あづま）哟"。所谓"吾妻"是指东国的女性弟橘比卖。倭建在走水海（浦贺水道）为渡神（海峡神）所阻，弟橘比卖为了安抚渡神之心，作为牺牲跳入海中，因此使船得以进发。倭建想起弟橘比卖留下的歌，叹息道："吾妻哟。"

> 夫君哟，
> 你在相模的原野，
> 站立在燃烧的火中，
> 还在呼唤着我。

"你在相模的原野，站立在燃烧的火中，还在呼唤着我。"
这样的歌似乎是借用了春天的烧荒仪式（为促使草木生长而燃烧
荒野）上的情歌。因为倭建的这句话，就把足柄以东的各国叫作
"あずま"了。这也是可从三轮山神话、《出云国风土记》的引
国神话中略窥一斑的地名起源故事之一。其中最令人感喟的就是
上文中"あずま"的起源。

足柄之别

足柄岭自古就是东西交通的要道，从这里去往西边的人都向
坂（境）神祈祷平安，然后向家乡告别，这已经成为一种习俗。
倭建的"吾妻哟"代言了曾经翻过这座山岭的无数人的祈祷和思
念。可以说，这个插曲甚至领先于后代东国人的经验。下面列举
的是《万叶集》卷二十所收"防人歌"中的问答歌。

> 高高把袖挥，
> 站在足柄岭。
> 家中有阿妹，
> 或可看分明。

——《万叶集》卷二十第 4423 首

埼玉郡上丁藤原部等母麿

为夫染征衣，

本应色彩浓。

如若翻山岭，

自当看分明。

————《万叶集》卷二十第 4424 首，妻物部刀自卖

从武藏国埼玉郡不可能看见在足柄挥舞衣袖的人，但歌中却唱道："会很清楚地看到吧。"这是因为自古以来，无论是谁都必然在这里举行告别仪式。倭建故事包含着后世之人的想法，之所以这么认为，与其说是因为他是遵从王命、高高在上的统治者，不如说是因为他是一个被迫漂泊一生的皇子吧。

从足柄岭远眺富士山　足柄岭海拔 759 米

勇者的末日

　　由倭建命名"あずま"，意味着大和朝廷对东国统治的完成。以后的主人公再无勇者的形象，只余一个被孤独与疲劳压垮的漂泊皇子的身影。到了他的死亡之地能褒野（或是三重县铃鹿郡铃鹿山脉的山麓一带）时，他因思念故乡而咏唱了下面这首歌。

　　　　大和哟，
　　　　各国当中最秀美，
　　　　绿色墙垣一重重，
　　　　群山环抱大和国，
　　　　最是美丽。

　　　　命长体康健，
　　　　平群山上橡树高，
　　　　橡树叶儿大，
　　　　插在头上作装饰，
　　　　那个孩子哟。

　　　　让人思念哟，
　　　　我的家，

白云哟，

　　从那里涌过来。

　　这原本是三首赞美乡土大和的民歌。一首首和煦而温暖的情调，被放在倭建故事里，就好像是在安慰病卧长途之旅、生命行将终结的皇子。本来各自分散的三首歌被组合在一起，表现了比原来更深的深度。故事和歌独自唱响的世界——这已经跳出了单纯的传承领域，可被视为文学作品了。《古事记》中，这个倭建故事和前文的"天皇既欲思吾死乎"一起，为我们展开了一种新的表达方式、一个新的地平线，这一点颇令人惊叹。

　　前文讲到的沙本毗古、沙本毗卖的故事也是如此。神武天皇以后的历代天皇记中记录了很多王族的反叛故事，这不是因为王权不稳定，而是与其动态结构相伴而生的现象。王族内部的斗争不会废除王权自身，毋宁说它是一个为了再生和强化而必需的过程。叛乱多发生在先王刚死的王位空缺期也是其证明。

　　倭建故事也可被看作这种王族间的戏剧之一。据说景行天皇时有三名太子。正如我们已窥见的那样，围绕王冠的明争暗斗是理所当然的。

　　但是，倭建并不是掀起了反叛父皇的旗帜，其最具特色的一点是父子之间的矛盾作为心理活动被专门描写了出来。死期临近，他这样述怀：

我心只愿，

永在天空翱翔。

从倭建的流放和漂泊来看，他是一个折了翅膀的天使——受挫的英雄。

为皇子们镇魂

这样的倭建故事究竟是怎么形成的？在《古事记》被要求编纂成书的时期（7－8 世纪初）实际上已经发生了几次争夺王位的叛乱。通过《日本书纪》的记载也能了解这一点。其中有间皇子（640－658 年）和大津皇子（663－686 年）的悲剧性事件在人们的心中投下了阴影。

磐代[94]海滨松，

曳枝结作环。

此去如有幸，

归来再欢言。[95]

——《万叶集》卷二，有间皇子

石坚百代传，

磐余池⁹⁶陂野鸭鸣。

只今犹得见，

此夜隐云中⁹⁷。

——《万叶集》卷三，大津皇子

　　两首歌都载于《万叶集》。前者是有间皇子于 658 年以企图谋反的罪名被捕后在纪伊国磐代吟咏的歌，后者是因同样的嫌疑被捕的大津皇子于 686 年辞世时所作。这两首歌的背景是，当时仍有依靠实力争夺王位的风俗，而两位皇子也都是深孚众望的人物。

　　有间皇子在吟咏完前面的歌之后，虽然接受了天皇和皇太子的讯问，但什么都没有辩明，数日后即被处死。关于大津皇子，据传文武兼备，博得众多人的信望。据说他的谋反有许多拥护者，但是行动暴露的第二天，皇子被命处死，而大部分拥护者都被赦免，令人怀疑是否真的有谋反。

　　有间皇子也是如此。器量、人望都优于常人的这些皇子对王位应该是有很大野心的。这两个事件都可以被认为是一位英雄的个性败给了国家机构。这也说明时代在向由法和制度支配的律令政治转变。

　　当时，两位皇子的事件是作为悲剧流传的。这段悲剧也可以从后来的山上忆良的作品中看到，他对有间皇子的歌进行了

藤白坂（上）及有间皇子墓（下） 有间皇子（19岁）的处决地（和歌山县海南市藤白）

唱和。

> 展翅翱翔，
>
> 尽收眼中。
>
> 唯人不知，
>
> 却有松知。

——《万叶集》卷二

皇子的灵魂在空中往来飞翔，看着那棵寄托了长寿愿望的结有环枝的松树。大津辞世时把自己死后的去向唱作"隐云中"。两者有一个共同的死的意象，即飞翔于天空中的鸟。至于倭建，在其一众后妃的悲歌中，传说他的灵魂化作了"八寻白智鸟"（巨大的白色水鸟）飞翔于天空。

把死者的灵魂看作空中飞翔的鸟——这是古人的幻想。这一幻想最美好的结晶之一就是倭建升天的场面。也许这一场面包含着为有间皇子、大津皇子等因无情的命运而倒下的皇子镇魂的想法吧。

"八寻白智鸟"飞翔在天，一直飞到河内国志几，于是在那里筑起"白鸟御陵"，但是皇子的魂"亦自其地更翔天以飞行"，似乎在地上还是没找到能安息的地方。

大阪府羽曳野市白鸟陵　倭建的陵墓，全长189米的前方后圆坟及其
拜殿

148

小知识：国号“日本”之始

代替从前的“倭”，制定新国号“日本”——这好像也是在天武、持统时代（7世纪后半叶）发生的事。在607年（推古十五年）遣隋使小野妹子所携的致中国皇帝的国书中有这样的文字："日出处天子致书日没处天子。"（《隋书·倭国传》）面对中国，倭国试图打出“日出之国”的名号；而到了7世纪后半叶，以太阳神为皇祖的血脉特别受重视，这种思想风气越来越被强化。

当时的万叶歌中多次出现赞美天皇和皇子为“高照日御子”（在空中高高照耀的太阳神之子）的表达方式，说明这种风气很兴盛。据说便是从这种风潮之中诞生了表示日升之国含义的国号“日本”。

于720年完成的《日本书纪》——这部书的书名让人感受到蕴藏在新国号里的勃勃生机。

然而《古事记》中却完全没有使用"日本"二字。关于"やまとたける"一词，《日本书纪》写作"日本武尊"，而《古事记》则写作"倭建命"。围绕"日本"这一国号，记纪的做法是完全相反的。

第十一章　交换鱼和名的故事

斯芬克斯之谜

"斯芬克斯之谜"的故事尽人皆知。斯芬克斯是半人半兽的神秘怪物，它向所有路过的行旅之人提出谜语，若猜得不对就把对方吃掉。其中最有名的是希腊神话中俄狄浦斯传说的部分。俄狄浦斯猜出了谜底，被迎来作忒拜的王。

那个谜语是说，什么东西早上四条腿，中午两条腿，晚上三条腿？俄狄浦斯回答，那就是人。他解开了谜底，因为人年幼时用四肢爬，长大以后用两条腿站立，年老了就用拐杖，所以是三条腿。

在古代埃及，斯芬克斯作为王的统治象征被放在王宫、神殿、王陵的入口。而在希腊，它作为带来祸祟和考验的怪物让忒拜人受苦，但俄狄浦斯解开了谜题，它便立刻死去。俄狄浦斯的故事说明智慧对于王来说是非常重要的资质。

日本神话中也有相似的故事。下文列举了《古事记》中卷部分一个应神天皇还是皇子时的故事。皇子的母亲叫息长带比卖（《日本书纪》中的神功皇后），是所谓"征韩"传说中的主人公，据说她征服了朝鲜半岛上的新罗和百济。"征韩"之后，皇子在北陆之地旅行时，在越前的角鹿（敦贺）发生了下面的事情。

　　住在角鹿的那天晚上，皇子做了一个梦，梦见土地神伊奢沙和气大神对他说："我希望用我的名字交换皇子的名字。"皇子答："不胜惶恐，就照您说的做吧。"神又说："明天早上你来海滨，举行换名之礼吧。"第二天早晨，皇子如期来到海边，只见许多被打破了鼻子的海豚伏在海边。皇子说："神给我送来了作为食物的鱼。"于是将"御食津大神"之名献给了神。这尊神现在叫"气比大神"。因为那海豚鼻子的血散发出恶臭，所以那里被命名为"血浦"[98]，现在则叫角鹿。

这个故事自古以来就被认为难懂。难懂的是一开始神所说的意思，在这里可理解为：①我想把我的名字给皇子；②希望把我的名字当作皇子的名字；③把我的名字和皇子的名字对换。而且这样交换的结果并没有提及互相的名字是怎样的，所以只能揣测了。现在这里仍是一个打上了问号的地方。

用口语来设谜

然而，我认为稍微转换一下视角，就能解开这个故事了。有问题的神的语言，原文是"以吾名欲易御子之御名"[99]，即"用我的名字交换皇子的名字"。但是，如果脱离文字，用耳朵听的话，又是怎样的结果呢？这时我们会发现，"御子之御名"只能解释为"皇子的名字"，而对"吾名"的"名"（な）却可以作各种解释。

"な"既是表示名字的"な"，也是表示鱼的"な"。就是说，神所说的话，其实是用口语设的一道谜。皇子机智地解开了谜底，这是这个故事的核心。

神出现在那天夜里。第二天早上，看到铺满整个海浦的海豚，皇子说："神给我送来了作为食物的鱼。"若要揭开这个谜，可以补充说："神所说的'な'不是名字的'な'，其实是指鱼（な）。""鱼"这个字既可以读作"うお"，也可以读作"な"，而在这里则必须读作"な"。因为"な"是这个故事的关键。

同样是"鱼"，读作"うお"和读作"な"有何区别？鱼作为生物游在水中时是"うお"，而作为食物时则读作"な"。在此应注意的是，前文中的海豚"被打破了鼻子"，这肯定是一种捕获海豚的方法。就是说被捕获的海豚已经不是"うお"，而是"な"了。"被打破了鼻子"就是想表示这一点。皇子看穿了这一点，所以说了前面的话。

一般来说，对出现在梦中的神语可作各种解释。前面的故事就是设置了鱼（な）和名（な）的谜语。本以为是名与名交换的故事，实际上是鱼和名的交换。从前人们对这个故事的解读之所以都扑了空，是因为没有将故事转换到声音（说话）的次元，用耳朵去倾听神传达的话语。

《古事记》虽是一部用文字书写出来的作品，但里面保留了丰富的文字出现以前的说话艺术。《古事记》也是日本最早的书籍，基于此，它具有独特的历史性，即跨越口传语言和文字语言两方面的特质，这一点通过这篇交换鱼和名的故事可以得到确证。

神功皇后的"征韩"传说

这个故事的主人公是后来的应神天皇。从初代神武天皇算起，应神天皇是第十五代，但在历代天皇故事中所占的位置却非常重要。始于神武东征的《古事记》中卷将主题放在王权统治的扩大上——其核心就是倭建的西征、东征。这时由神功皇后和应神天皇发动的"征韩"传说具有收官的意义。

以这位天皇为起点，连接起仁德天皇——被认为是巨大古坟之主——以后的下卷，应神可以说是《古事记》中、下卷的关键人物。那么在应神天皇故事中，前文所述的故事具有什么意义呢？试看以下分析。

应神天皇的母亲神功皇后的故事具有浓厚的神秘色彩。妊娠中的皇后被神灵附体，被认为是天照大神的"御心"，并宣谕要把西方金银之国授予腹内的胎儿。海中的鱼驮着起航后的皇后军队前进，大船掀起的波浪淹没了新罗国的大半，降服了国王，于是完成了"征韩"。回到筑紫，这时应神天皇出生了。因为是在母后腹中就统治了异国的天皇，所以也被称作"胎中天皇"。

应注意到，这里的情节与已经提到过的天孙降临的故事何其相似乃尔。从高天原降临的天孙番能迩迩艺命被说成是刚出生的婴儿，在别传中是裹在"真床覆衾"（包裹胎儿的羊膜）里的。不管怎样，其思维方式与"征韩"传说中被认为是胎儿的应神是共通的吧。说到结论，采取相同的构思是因为两者都是以君主再次诞生的仪式——大尝祭为原型的。

大尝祭上表演的天皇转生在故事层面上采取了婴儿、胎儿降临的形式。在意义层面上，应神诞生、"征韩"传说可以说就是新的天孙降临。诞生地被认为是濒临朝鲜海峡的筑紫（九州北部），这是因为这里是对外交通的要冲，是与在腹中就征服了海外之国的天子身份最为吻合的地方。

相对于这里的诞生故事，角鹿的故事则意味着第二次诞生。皇子亲自解开神语之谜，成为土地之神的命名者，而这正说明从儿童走向成人的独立。正如传说中希腊的俄狄浦斯解开斯芬克斯之谜而成为忒拜之王那样，这位皇子也因回答了神所宣谕的课题而得到了成为应神天皇的资格。

《古事记》的神话世界

《古事记》由上中下三卷构成。上卷是以众神为主人公的神话，但中卷、下卷的性质也不能被直接看作与神话相对的"历史"。神功皇后、应神天皇的故事充满童话般的不可思议，基本上不能算是基于史实的故事。在这一点上，无论是神武天皇，还是崇神天皇、倭建的故事，都是一样的。

也就是说，中卷可以被称为第二神话。虽然众神不再直接上场，但是采用了通过托梦、宣谕来显示神的意志并由神的子孙天皇、皇子来加以实现的形式。如果将神的子孙看作具有非同一般能力的人物——也就是英雄的话，那么就可以把中卷称作英雄之卷，下卷更可被称作其子孙的故事。

但是在下卷，逐渐出现了不少不可思议的事件、战斗和征服故事等。不久就简化为只以王位继承为主轴的系统，然后封卷。佛教的传来、与近邻各国的往来、外交等事项几乎没有被提及。也可以说，《古事记》是通过无视发生在对它而言的"现代"的重要事件来保持其神话世界的。

第十二章　大和三山的传说

——争夺妻子的故事

争夺妻子的故事

神话世界里有太阳神，有月神，更有海神、山神、风神、水神、树神之类，自然界的大部分事物都作为神登场了。众神像人一样互相争夺、互相爱慕、互相嫉妒。在东北，有岩手县的岩手山和早池峰山围绕着姬神山相争的故事，有秋田县的八郎潟和十和田湖争夺田泽湖的传说，都是争夺妻子的故事。

在古代，同样的事例也记载在《万叶集》卷一当中。题材是大和的三山之争，作者是当时的皇太子中大兄。

> 亩傍山，好妹子，
> 香具山与耳梨山，
> 两男相争不相让。
> 似乎是，
> 自从神代起，
> 便是如此争。

只因古昔便这般，

空蝉世界[100]，

似亦把妹争。

香具山，耳梨山，

两山相遇争斗时，

有大神，来观战，

印南国原停脚步。

夕阳照大海，

彤云似旗旌，

料想今宵夜，

月华清且明。

　　大和的香具山（香久山）、亩傍山、耳梨山（耳成山）三山
位于6世纪末以后都城所在的飞鸟之地。特别是香具山，被认为
是来自高天原的神圣的山。然而，香具山却因爱情问题，与相邻
的亩傍山与耳梨山争斗起来——这就是传说的内容。

　　男山香具山喜欢女山亩傍山，于是便和男山耳梨山相争。从
众神的时代起就有了男女的争夺，所以在当今之世的人们身边，
关于妻子的纠纷也一直不断。就是说，这是二男争一女的故事。

　　其实关于三山传说，可能有各种各样的解释，也有的与前

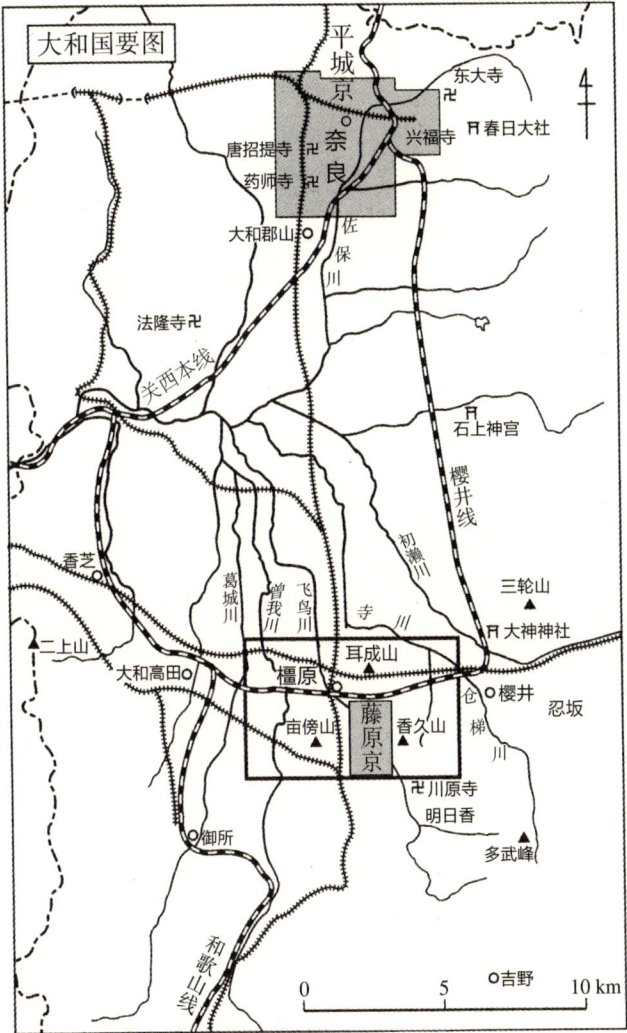

大和国要图

平城京
奈良
东大寺
春日大社
兴福寺
唐招提寺
药师寺
大和郡山
佐保川
法隆寺
关西本线
石上神宫
樱井线
初濑川
香芝
葛城川
曾我川
飞鸟川
寺
川
三轮山
大神神社
二上山
大和高田
耳成山
橿原
藤原京
畝傍山
香久山
仓梯川
樱井
忍坂
川原寺
明日香
御所
多武峰
和歌山线

0   5   10 km
吉野

文相反，认为是二女争一男的故事，甚至也有认为是一男与新旧妻子之间的争斗的。因此，三山的性别也随之发生变化，出现了三山之姿或男或女的争论。

大和三山周边放大图

三山歌的背景

这些观点姑且不论，之所以认为这首歌如前文所述，讲述的是二男争一女的故事，是因为这首歌的作者——皇太子中大兄这时正身处于爱情的三角关系中。

当时的天皇是女皇齐明天皇，其长子中大兄（后天智天皇）

和次子大海人（后天武天皇）都是宫廷中最重要的成员（参照下面的关系图）。兄弟二人为了一个女人一直在争风吃醋，那个女人就是优秀的万叶歌人额田王。额田王在齐明天皇身边侍奉，她的任务就是在公共活动时秉承女皇之意吟咏和歌。她在《万叶集》中留下了许多优秀和歌，这里且看排在三山歌稍后的一首。

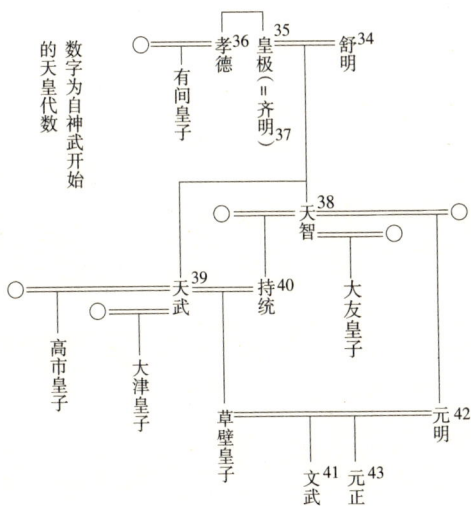

数字为自神武开始的天皇代数

孝德36　有间皇子

皇极（＝齐明）35 37

舒明34

天智38

大友皇子

天武39　高市皇子　大津皇子

持统40

草壁皇子

文武41

元明42

元正43

165

乘舟熟田津，

只待明月出。

潮涨波涛涌，

现在好行舟。

　　　　　——《万叶集》卷一

　　熟田津在今爱媛县松山港附近。等待月出，表明是在将要从
这里起航的时候。到了月亮出来、潮水上涨的时刻，就该开船了。
也许这首歌就是信号，女皇率领的船队起航了。歌的风格强劲有
力，仿佛与大自然的旋律同调。这是《万叶集》中可列在前十名
以内的好歌。

大和三山　　传说围绕着中间的亩傍山（女山），左边的香具山（男山）和
右边的耳梨山（男山）相争

额田王先是大海人的妻子，并生有一女，而后又进了中大兄——天智天皇的后宫（天子的妻子们所在的地方）。结婚的形式大体与后世不同，特别是天皇，多妻是常态。但是额田王的命运从大海人自然而然地转移到中大兄那里，这无论如何也难以想象。三人之间肯定发生过相当大的对立和矛盾。

在歌中，中大兄把自己的爱情问题与三山之争重叠在一起吟咏，"空蝉世界，似亦把妹争"，这是饱含深切感慨的表达。这一组三首歌，代表着人们将神话传说放在自己的身边、伸手便够得到的地方，并在这样的情况下进行歌咏。

关于地点，通过反歌"香具山，耳梨山，两山相遇争斗时"之后有句"印南国原停脚步"而知晓，歌咏的现场是在印南国原。而且从《万叶集》卷一的排列来看，作者来到印南国原也只能被认为是在 661 年。

《日本书纪》记载，661 年（齐明天皇七年）一月，搭载天皇、皇太子等大和朝廷人员的船队从难波津（大阪）起航，由濑户内海向西航行，最初的停泊地即是印南（从兵库县明石市到加古川市的海边）。

当时的行旅之人都有一种习惯，就是在通过重要地点的时候用和歌来吟咏当地的景观和与当地有关的传承，等等。中大兄就是根据人所共知的传说，代表时人唱道："大和三山起争执时，前来观战的那个印南国原就是这里的地名。"在神话中因为是山与山相争，所以湖沼、森林、平原等被拟人化后登场也就没什么不可思议的了。传说这时播磨的印南国原去看大和三山之争了。

　　大概歌是在旅途的宴席上咏唱的，所以就成了一首催促新起航的歌。从另一首歌——"夕阳照大海，彤云似旗旌"——里，也能看到同样的韵律。这个时代，夜间航海要仰仗星座和明月。云彩红彤彤的，太阳沉入大海——这就是在印南国原看到的西方海上的景象。

　　纵观三首歌会发现，神话般的想象力是它们的基调。仿佛是与三山传说相呼应一般，第三首歌中大海上的落日景象被比拟为海神宫殿上飘摆的旌旗。面对落日将大海染红的情景，即使是现代人也会生出一种神秘的感动。这首歌捕捉到了大自然充满动态的一瞬间，通过"夕阳照大海"增添了它的光辉。

　　这支船队于661年出港是为了向朝鲜半岛出兵。数年前，朝鲜三国（高句丽、新罗、百济）中的百济受到中国（唐）、新罗联军的进攻濒于灭亡，所以这是一次救援百济的军事行动。近70岁的齐明女皇及其皇太子中大兄、大海人皇子等宫廷首脑亲自登船前往，使人感受到其中包含着非同一般的决心。

　　"夕阳照大海"这首歌可谓万叶和歌特色的结晶，被评价为绝唱。充斥其中的紧张感以及那宏大的规模都是与这次倾其国运的远航相吻合的。作者不仅是在祈愿那夜明月下的航行平安，更是想要占卜出一个前途顺利的未来吧。

　　而前文所见的额田王之歌是在同一次航海之后的停泊地——四国的"熟田津"吟唱的。额田王代替女皇吟咏了这首歌。恐怕她就是为了这项任务而加入远征船队的。也就是说，额田王、中大兄、大海人皇子，三名争妻的当事人都在这个船队里。大概正是这样的状况激化了各人心中的纠葛，使其发而为"三山歌"，这个因素不可忽视。

神话与历史之间

众神的故事活在人们的生活与感情当中——这种情况似乎一直延续到七八世纪。那个时代和社会的领导者是齐明、天智、天武、持统等天皇。根据天武天皇的旨意，人们将神话、传说加以集结、重写，不久就以《古事记》的形式面世，这年是712年。继而在720年又完成了国家的正史《日本书纪》。

《古事记》和《日本书纪》几乎是在同一时期完成的，但在神话方面，触及几处大的不同。若把这些不同简单化，则可说《古事记》是诗和故事，《日本书纪》则是史和记录。

看看记纪两书完成的年代712年和720年，就可知道各自的编撰是平行进行的。《古事记》是用日语写就的，而《日本书纪》是用纯粹的汉语记述的，在这一点上两书对照鲜明。

所谓"诗亡然后春秋作"（出自古代中国的思想家孟子的言行录），这一事态在古代日本似乎是在匆忙之中进行的。我们从这句著名的格言中可以读出暗示：牧歌式的、朴素的世界结束了，严苛的政治社会到来了。而《古事记》正是这转换时期的产物。在这之后，就开始了急速的律令国家的建设，随之而来的便是依据法与制度建立起来的统治。从这一进程来看，于8世纪初完成的《古事记》几乎可以说是一个奇迹。它背负着各种历史性制约，传达众神的声音于人世，成为一部不可替代的作品。

稗田阿礼和太安万侣

茶林里的墓志

1979 年 1 月，奈良市东郊的此濑町茶林里，发掘出一些遗骨和铜板墓志。墓志上刻着"太朝臣安万侣"的名字，同时还有其死亡日期"癸亥年（养老七年，即 723 年）七月六日"。在跨越 1200 年之后，《古事记》编撰者的墓地突然在现代复活了。

《古事记》是怎么问世的呢？这摆脱不了前面提到的太安万侣和另一人稗田阿礼的名字。我们首先来看一下《古事记》的《序》，了解一下这部最早的书籍是在什么样的背景下编撰完成的。

天武天皇（673—686 年在位）很担心在各氏族间流传的《帝纪》（天皇家的谱系、事迹、故事）、《本辞》（众神的故事）

中含有与真实相悖的、虚假的内容，于是他下决心削伪定实，使其流传后世。当时有一舍人，名叫稗田阿礼，天皇亲自命令她诵习《帝纪》和《本辞》。但是世事变迁，始终未能完成。711年（和铜四年），元明天皇命太朝臣安万侣"撰录"稗田阿礼诵习的《旧辞》（前记的古传承）。于是在和铜五年，太朝臣安万侣献上了三卷本的《古事记》。

天宇受卖的子孙

稗田阿礼，何许人也？她出现在平安前期的史料中："稗田阿礼，天宇受卖命子孙。"其他史料显示，"稗田"是代代为宫廷提供"猿女"的氏族。可以认为，稗田阿礼也是作为"猿女"服侍在天皇身边的。《序》载，稗田阿礼为舍人，年龄二十八，"为人聪明"。"とねり"（舍人）是"上殿"的意思，所以在天子身边的人被称作舍人。

再说天宇受卖，就是在天石窟踏足起舞，引起众神狂笑的女神。从中可以再一次看到稗田阿礼的作用。所谓猿女，就是"戏谑之女"的意思，是表演滑稽行为（俳优）的女性丑角。她也是具备"讲说"这种技能的艺人。她用抑扬顿挫、或长或短的日语来诵读可谓是《古事记》台本的《旧辞》——这就是前文所说"诵习"的内容。

太朝臣安万侣的工作就是根据稗田阿礼的讲说，用汉字这种外来文字将这些内容再现出来。用汉字书写日语的做法虽然从很早以前就已开始了，但都只涉及片断性的片言只语，用汉字书写像《古事记》这样完整的一卷书籍应该说还是前所未有的大事业。

正如《序》中提到的，安万侣为编撰《古事记》发挥了许多创意，下了很大的功夫。而在当时，他这样做的首要条件便是能够自由自在地书写汉语、汉字。汉文的《序》本身就说明其汉语的熟练程度了。这也证明他是当时顶级的知识分子，甚至已经晋升为高级官僚。但是这样的人物参与《古事记》的编撰工作似乎还有其他原因。

声音文化与文字文化的相遇

在平安时代，从太安万侣算起，到第五代太自然麻吕的时候，这个叫作太（大）的氏族已经成为一个专事传播歌舞和神乐的家族，主要从事宴席上的舞乐。这样的家族传统可以上溯到七八世纪，在那里能够看到其与猿女稗田阿礼的接点。正是在这个由舞乐、俳优、猿女构成的环状结构当中，《古事记》的"诵习"和"撰录"首次得以具体实施。

和铜四年（711）九月，女皇元明天皇命令太安万侣完成已经中断的事业。一般推测，当时安万侣是 53 岁到 58 岁。仅仅四个多月之后，在第二年的正月二十八日，他就上奏完成了《古事记》。这可谓令人惊异的速度，应该被看作其撰录者太安万侣卓越的写作能力的产物吗？然而其诵习者稗田阿礼虽然已经是六十岁上下的年纪，却也应该仍旧保持着不曾衰退的"聪明"和出类拔萃的讲说能力。那么，到底应该归功于前者还是后者呢？

我觉得，无论哪方面都是不可或缺的。通过这两个人物，古代日本的文字文化和声音文化相遇了，于是《古事记》横空出世。那回荡于其中的、来自古代的声音，在今天，仍旧不断给现代人带来日新月异的刺激和魅力。

附 录

译 注

1. 《古事记》，日本现存最早的史书。太安万侣受元明天皇之命，将稗田阿礼讲述的《帝纪》（皇室系谱）和《旧辞》（有关皇室、豪族的神话、传说等）记录下来，于712年成书。全书由序文和上中下三卷构成，内容包括从出现天地到第三十三代推古天皇的神话、传说、歌谣、皇室谱系等。该书用变体汉文写成，即以古汉语为主，夹杂着部分表示日语语言的汉字词语和语法。

2. 独身神，即没有配偶的神。

3. "天之御中主神"（あめのみなかぬしのかみ），居于天之中央的、主宰天地的神。"御"（み）为尊称。《日本书纪》写作"天御中主尊"（あまのみなかぬしのみこと），"尊"（みこと）为敬称，一说来自唐朝对道教诸神的敬称，如"元始天尊"等。

4. "高御产巢日神"（たかみむすひのかみ），生育、繁殖万物的神。"高御"（たかみ）为敬称。"产巢"（むす）是生成万物之意。"日"（ひ），日本学者认为是神力、魔力之意，译者认为"ひ"在日语中的本义就是"日""太阳"，所谓神力即是来自太阳之伟力。而"日神"二字已经明确其为太阳神。《日本书纪》写作"高皇产灵尊"（たかみむすひのみこと）。

5. "神产巢日神"（かむむすひのかみ），生育、繁殖万物的神。"神"（かむ）

为敬称。"产巢日"（むすひ）与"高御产巢日神"中的"产巢日"意思相同（参看注4）。《日本书纪》写作"神皇产灵尊"（かむみむすひのみこと）。序文中说，天御中主神、高御产巢日神、神产巢日神"参神作造化之首"。参，即三，故此三神又被称作"造化三神"。

6. 国稚，大地还很年轻、稚嫩。"国"（くに），土地。这里的"国"没有国家、国土的意思，而是指大地。

7. "宇摩志阿斯诃备比古迟神"（うましあしかびひこぢのかみ），像美好的苇芽那样具有蓬勃生命力的男神。"宇摩志"（うまし）是美称，好的、出色的。"阿斯诃备"（あしかび），苇芽。"比古迟"（ひこぢ），意思是男性。《日本书纪》写作"可美苇牙彦舅尊"（うましあしかびひこぢのみこと）。

8. "天之常立神"（あめのとこたちのかみ），天，与"国之常立神"的"国"相对应，一个指天上世界，一个指地上世界。"常"（とこ），其古义为"床"（とこ），用土堆起的高地，后引申为永恒不变的意思，故此处写作"常"。"立"（たち）的古义是出现。大野晋认为这是按照天地生成的顺序产生的神名，所以"常立"（とこたち）的意思是土地（高台）的出现。《日本书纪》写作"天常立尊"（あまのとこたちのみこと）。

9. "丰云野神"（とよくもののかみ），朵朵白云覆盖的丰饶的原野。次田真幸认为是原野形成状态的神格化。《日本书纪》写作"丰斟渟尊"（とよくむぬのみこと）。

10. "志贵皇子"（しきのみこ，？—716），天智天皇第七子，光仁天皇（709—781，第四十九代）之父。

11. "妹"（いも），阿妹，男性对女性的称呼，也有"妻"的含义。

12. "淤能碁吕岛"（おのごろしま），意思是自然凝结成的岛。《日本书纪》写作"磤驭虑岛"。这是伊邪那岐、伊邪那美二神在地上世界活动的据点，是存在于人们想象中的岛屿，现实中没有对应的岛屿。

13. 石川淳（1899－1987），日本小说家、文艺评论家、翻译家。

14. "阿迟钼高日子根神"（あぢすきたかひこねのかみ），锄神。"阿迟"（あぢ），美称。"钼"（すき），锄，因此被视为农耕神。一说其为雷神。"日子"（ひこ），表示男性。《日本书纪》写作"味耜高彦根神"（あぢすきたかひこねのかみ）。

15. "高比卖命"（たかひめのみこと），与其兄"高日子"（たかひこ）相对，应是女锄神。"比卖"（ひめ），表示女性。《日本书纪》写作"高姫"（たかひめ）。

16. "宇迟能和纪郎子"（うぢのわきいらつこ），应神天皇之子，母宫主矢河枝比卖。《日本书纪》写作"菟道稚郎子皇子"（うぢのわきいらつこのみこ）。

17. "八田若郎女"（やたのわきいらつめ），应神天皇之女，母宫主矢河枝比卖。仁德天皇妃。《日本书纪》写作"矢田皇女"（やたのひめみこ）。

18. 允恭天皇，第十九代天皇，名"男浅津间若子宿祢命"（をあさつまわくごのすくねのみこと），仁德天皇之子，母石之日卖命。相当于中国史书所载"倭五王"中的济。《日本书纪》写作"雄朝津间稚子宿祢天皇"（をあさつまわくごのすくねのすめらみこと）。

19. 夫（seko），在当时的日本多指丈夫，但也可以指兄弟或关系亲密的男性。

20. 空蝉，即空蝉世界，如蝉一般不能长久的人间世。

21. "大事忍男神"（おほことおしをのかみ），成就大事的、意志坚定的男神。

22. "大户日别神"（おほとひわけのかみ），房屋门口的神，门神。"户"（と），门户。一说场所。

23. "天之吹男神"（あめのふきをのかみ），铺葺屋顶的神。"吹"（ふき），铺葺。一说呼吸之意，一说风吹。

24. 终于，神离开了这个世界，即死去。避，避开人世，离开，暗示死亡。

25. 本居宣长（1730－1801），日本江户时代后期的国学者、歌人，著有《古事记传》《玉匣》《玉胜间》等。

26. 源信，日本佛教天台宗僧人。

27. 命（mikoto），人名或神名的后缀，尊称。

28. "月读命"（つくよみのみこと），月神。《日本书纪》写作"月弓尊"（つくゆみのみこと）、"月夜见尊"（つくよみのみこと）、"月读尊"（つくよみのみこと）。

29. 八拳须，即有八个拳头连起来那么长的胡须。

30. 然者，这样的话。

31. 天安河，高天原的天河，是众神集会、活动的地方。

32. 琼响玱玱，形容清脆的玉响之音。"琼响"是玉石的声音，"玱玱"是拟声词。

33. 振，摆动。《广雅·释诂一》："振，动也。"

34. 天之真名井，高天原的神圣的井。

35. 角发，男子发型，将头发左右分开，在耳边束环。

36. 八尺勾璁五百串珠，将五百个硕大的曲玉穿在一起的玉环。八尺，形容大，一说是形容穿玉绳之长。勾璁，曲玉。

37. "手弱女"（たわやめ），柔弱女子。

38.《日本书纪》为汉语著作，故此处所引为汉语原文。

39. 伊奘诺尊、伊奘冉尊，即伊邪那岐神和伊邪那美神。

40. 於保比屡咩能武智，表音汉字，读作 ohohirumenomuthi。

41. "天宇受卖"，即天宇受卖命（あめのうずめのみこと），头戴花钿的女神。《日本书纪》写作"天钿女命"（あまのうずめのみこと）、"天钿女"。"宇受"（うず），即"钿"，花钿，头饰。《古语拾遗》："其神强悍猛固，故以为名。"由此可见其强悍女巫的形象。

42.《古事记》写作"高御产巢日神"。

43. 肥河（ひのかは），《日本书纪》写作簸川，即今之斐伊川，流经岛根县东部，注入宍道湖。

44. 鸟发（とりかみ），在岛根县仁多郡船通山（海拔 1142 米）山麓。

45. 高志（こし），一说是出云国古志乡（岛根县出云市古志町一带），一说是北陆的越。现在大多认为是前者，相当于斐伊川和神门川的下游地区。

46. 栉，梳子、篦子等的总称。

47. "苇原色许男神"（あしはらしこをのかみ），苇原中国的坚毅的男神。"苇原"（あしはら），指苇原中国，地上世界。"色许"（しこ），坚毅，勇猛。《日本书纪》写作"苇原丑男"（あしはらのしこを），《播磨国风土记》写作"苇原志举乎命"（あしはらのしこをのみこと）、"苇原志许乎命"（あしはらのしこをのみこと），《旧事记》写作"苇原丑雄命"（あしはらのしこをのみこと）。

48. "八千矛神"（やちほこのかみ），拥有众多枪矛的神。《日本书纪》写作

"八千戈神"（やちほこのかみ），《万叶集》第 1056 首写作"八千桙之神"（やちほこのかみ），第 2002 首写作"八千戈神"（やちほこのかみ）。

49. "宇都志国玉神"（うつしくにたまのかみ），显现的国土魂灵之神。"宇都志"（うつし），显现的，现实的。"玉"（たま），魂。《日本书纪》写作"显国玉神"（うつしくにたまのかみ）。

50. "少名毗古那"（すくなびこな），小男神。神产巢日神之子。"すくな"为形容词"少し"的词干，少，小。《风土记》写作"须久奈比古命"（すくなひこのみこと）、"小比古尼命"（すくなひこねのみこと）。

51. 所从之诸神，跟随大国主神的神们。

52. 御祖命，祖先神。

53. 作坚，创造并巩固。

54. "曽富腾"（そほど），稻草人的古名。

55. 妹背山（いもせのやま），兄妹山之义。流经和歌山县北部葛城町的纪川北岸的背山（兄山，海拔 168 米）和南岸的妹山（海拔 124 米）。

56. "名儿山"（なごやま），位于福冈县福津市桂地区，海拔 164 米。

57. "大汝命"（おほなむぢのみこと），即大穴牟迟。

58. "大穴持命"（おほなむぢのみこと），即大穴牟迟。

59. 少彦，即少名毗古那。

60. 袭衣，上衣的一种。

61. 虎鸫，鸟名，学名虎斑地鸫，从半夜鸣叫到清晨，其声甚哀。

62. 射干是鸢尾科多年生草本。射干子，射干的种子，黑色，近球形。因射干子为黑色，故和歌中常用来形容夜色。"黑""夜"的枕词。

63. 楮（chǔ），楮树，构树，落叶乔木，树皮是制造桑皮纸和宣纸的原料。在日本，曾用楮树纤维制作布匹，编绳子。因为所制作的布匹、绳子等为白色，所以在和歌中常用来比喻白。"白"的枕词。

64. 忍穂耳，即"正胜吾胜胜速日天之忍穂耳命"（まさかつあかつかちはやひあめのおしほみみのみこと），的确是我获胜的、具有超凡神威的、天上的有威力的稻神。"正胜"（まさかつ）在《日本书纪》中写作"正哉"（まさか），"哉"为感叹词，故"まさか"的意思是"的确""确实"。"つ"，助词，的。"吾胜"（あかつ），我取胜。"胜速日"（かちはやひ），能够取胜的强大的神威。"日"（ひ），本指太阳，这里是灵力之义。"忍"（おし），推，压，加力，这里是有威力的意思。"穂"（ほ），一切突出优秀的东西，这里指稻穂。"耳"（みみ），神祇。"み"即"祇"，这里是"祇祇"（みみ）重叠，加以强调。《日本书纪》写作"正哉吾胜胜速日天忍穂耳尊"（まさかああかつかちはやひあまのおしほみみのみこと）等。有的日本学者认为，该神在系谱上的存在很不自然，他的出生是为了使其成为独身女神天照大神的儿子而勉强附会上去的，而且作为宫廷祭祀的对象也了无痕迹。

65. "天迩岐志国迩岐志天津日高日子番能迩迩艺命"（あめにきしくににきしあまつひこひこほのににぎのみこと），天上柔和的、地上柔和的、天上的太阳高高照耀的男儿，稻穂饱满的神。"迩岐志"（にきし），柔和的。"天津日高"（あまつひこ），天上的太阳高高地（照耀）。"津"（つ），的。"日子"（ひこ），指男性，日之子。"番"（ほ），即"穂"，稻穂。"能"（の），的。"迩迩艺"（ににぎ），饱满，丰饶。"番能迩迩艺命"是实际名字的含义，即稻穂饱满的神，前面都是赞美之词。也写作"日子番能迩迩艺命""天津日子番能迩迩艺命""天津日高日子番能迩迩艺命""番仁岐命"（ほのににぎのみこと）。《日本书纪》写作"天津彦彦火琼琼杵尊"（あまつひこひこほのににぎのみこと）、"天津彦火琼琼杵尊"等。

66. 1990 年。

67. 火明，"天火明命"（あめのほあかりのみこと），稻穗熟透发红的神。尾张氏的祖神。"明"（あかり），发红。《日本书纪》写作"火明命"（ほのあかりのみこと）、"天照国照彦火明命"（あまてるくにてるひこほのあかりのみこと）。

68. "火照命"（ほでりのみこと），火光照耀之神。隼人阿多君之祖。

69. "火须势理命"（ほすせりのみこと），火光熊熊之神。《日本书纪》写作"火阑降命"（ほのすそりのみこと）、"火酢芹命"（ほのすせりのみこと）。

70. "火远理命"（ほをりのみこと），火势减弱之神。

71. "木花之佐久夜毗卖"（このはなのさくやびめ），像樱花盛开一样美丽的女神。"木花"（このはな），特指樱花。"さく"，（花）开。"や"，表示状态的接尾词。《日本书纪》写作"木花之开耶姬"（このはなのさくやびめ）、"木花开耶姬"。

72. "海幸彦"（うみのさちびこ），得到海中收获物的男子，亦即渔民。"さち"，即"幸"，大自然所拥有的东西，对于海上渔民、山中猎人来说，就是渔猎物、收获物。也指用于渔猎的工具。

73. "山幸彦"（やまのさちびこ），得到山中收获物的男子，亦即猎人。

74. "盐椎神"（しほつちのかみ），潮流之神。"盐"（しほ），潮。"つ"，的。"ち"，灵。《日本书纪》写作"盐土老翁"（しほつつのをじ）、"盐筒老翁"

（しほつつのをぢ）。

75. "丰玉毗卖命"（とよたまびめのみこと），美丽的如玉般的珍珠女神。也写作"丰玉毗卖"。《日本书纪》写作"丰玉姬"（とよたまひめ）。

76. 平城京，日本奈良时代（710—794）的京城，即今奈良，仿唐都长安和北魏洛阳城而建。

77. "大物主神"（おほものぬしのかみ），伟大的万物之主。以三轮山为神体的大神。"物"（もの），万物。一说认为是精灵之义。

78. "御诸山"（みもろのやま），这里指三轮山。"みもろ"，指神降临的地方。

79. 去豆（こづ），今平天市小津（こず）町。

80. 杵筑御埼，今大社町日御碕。

81. 佐比卖山，今三瓶山，位于大田市三瓶町与饭食郡顿原町交界处，为白山火山带的休眠火山，海拔1126米。

82. 薗之长滨，今神门郡北部海岸。从稻佐滨远眺，在三瓶山正下面，海岸线上白色潮头横向长长地延展，看上去就像是用白绳把山捆住。

83. 北门，出云的北门，具体指隐岐。

84. 佐伎之国，在隐岐岛。

85. 多久，八束郡鹿岛町上讲武、南讲武、北讲武附近。

86. 狭田国，今鹿岛町佐陀本乡附近，位于宍道湖北岸。

87. 波良之国，与佐伎之国同，也在隐岐岛。

88. 宇波，不详。

89. 暗见国，松江市新庄町附近。

90. 都都之三埼，新潟县上越市直江津附近的岬。

91. 三穗之埼，八束郡美保关町，岛根半岛东端。

92. 夜见岛，鸟取县西伯郡夜见滨。当时是岛。

93. 火神岳，鸟取县的大山，海拔 1713 米。

94. 磐代，地名，今和歌山县日高郡南部町。在从牟娄温汤去藤白坂的路上，
    路过磐代海滨。

95. 有间皇子"自伤"，吟唱短歌。磐代海滨的松树哟，我把你的枝条结成一
    个环。此去若能有幸归来，我再到这里来看你吧。当时人的风俗，行旅之
    人将路边松树的树枝结成环，以祈求路途顺利，平安归来。有间皇子也尊
    此俗，并作歌抒怀，然而他终于没有回来。

96. 磐余池，据说在大和樱井市，似应在香具山东北，今已不存。

97. 隐云中，即死亡。

98. "血浦"（ちぬら），福井县敦贺市曙町。《日本书纪》写作"笥饭浦"（け
    ひのうら）。

99. 我想用我的名字来换太子的名字。即大神与太子交换名字。《日本书纪》
    应神即位前纪一云："初天皇为太子，行于越国，拜祭角鹿笥饭大神。时
    大神与太子名相易，故号大神曰去来纱别神，太子名誉田别尊。然则可谓
    大神本名誉田别神，太子元名去来纱别尊。然无所见也，未详。"

100. 空蝉世界，这里指人世。空，空幻、虚无。蝉，成虫后两三周即死亡，
     生命短暂。受佛教无常思想的影响，空蝉含有人生苦短、空幻无常的意思。

写在岩波新书新赤版第 1000 部出版之际

一个时代结束了——人们这样说已经很久了。但是，今后又将是怎样的时代呢？我们甚至连它的轮廓都描画不出来。从 20 世纪带来的许多课题还未能找到解决的办法，21 世纪又出现了不少新的问题。国际资本主义的渗透，连续不断的仇恨，暴力的回应——世界处于混沌和严重的不安之中。

在现代社会，变化已是常态，快而新带来绝对的价值。消费社会的深化和信息技术的革命消除了各种界限，已经彻底改变了人们的生活方式和交流方式。生活方式越来越多样化，一个人人都可以选择各自的生存方式的时代已经到来了。但同时新的不平等也产生了，各个阶层的龟裂和分化越来越严重了。人们对社会和历史的认识开始动摇，对于普遍性的理念产生根本性的怀疑，对于改变现实的无力感在悄悄蔓延。一个任何人都感觉难以生存的时代已经到来了。

然而，在日常生活的各种场合，通过争取并实践自由和民主主义来超越这种闭塞、开启一个希望的时代，也不是不可能的。为此，我们现在应该做的，就是在个人与个人之间不断地进行对话，每一个人都坚持不懈地思索：要想像真正的人一样生活，我们需要哪些条件？我们认为，只有文化修养能成为这种探索的食粮。历史是什么？怎样才能更好地生存？世界以及人类应该向何处去？——正是对这些根源性问题的不断探索造就了文化和知识的厚重，化为修养且作为基础支撑着个人和社会。诚然，岩波新书自创刊以来一直追求的，就是为修习这些文化知识指引方向。

岩波新书赤版创刊于 1938 年 11 月，中日战争已酣之际。其发刊词主张，因为忧虑日本的不遵循道义精神的行为，因为要告诫人们还欠缺批判精神和富有良心的行动，所以这套丛书将以培养现代人的现代性修养为目的。后来又出版了青版、黄版、新赤版，总计 2500 多部作品。今天我们迎来了新赤版的第 1000 部作品。以此为契机，我们将再次确认人们对理性和良知的信赖，抱着继续培育被理性和良知所验证的文化的决心，装帧新版本，踏上新的征程。我们热切希望一册册新书带来的新风能吹到尽可能多的读者身边，并能丰富人们对于充满希望的新时代的想象。

2006 年 4 月

图书在版编目（CIP）数据

日本的神话／（日）阪下圭八著；李濯凡译．-- 北京：新星出版社，2019.1
ISBN 978-7-5133-3127-2

Ⅰ．①日… Ⅱ．①阪… ②李… Ⅲ．①神话－研究－日本 Ⅳ．① B932.313

中国版本图书馆 CIP 数据核字（2018）第 154779 号

日本的神话
[日] 阪下圭八 著
李濯凡 译

责任编辑 汪　欣
特邀编辑 高　云
装帧设计 周伟伟
内文制作 李　娜　张顺霞
责任印制 史广宜

出　　版 新星出版社　　www.newstarpress.com
出 版 人 马汝军
社　　址 北京市西城区车公庄大街丙 3 号楼　　邮编 100044
　　　　　电话（010）88310888　　传真（010）65270449
发　　行 新经典发行有限公司
　　　　　电话（010）68423599　　邮箱 editor@readinglife.com
印　　刷 山东韵杰文化科技有限公司
开　　本 787 毫米 ×1092 毫米　　1/32
印　　张 6.5
字　　数 128 千字
版　　次 2019 年 1 月第 1 版
印　　次 2020 年 5 月第 2 次印刷
书　　号 ISBN 978-7-5133-3127-2
定　　价 39.00 元

著作版权合同登记号：01–2018–6200